HUSSONG / SCHÜTT / STUFLESSER

Textanalyse optisch

MARTIN HUSSONG / ARTUR SCHÜTT
BRIGITTE STUFLESSER

TEXTANALYSE OPTISCH

*Textanalyse im Deutschunterricht
mit gezeichneten Modellen*

PÄDAGOGISCHER VERLAG SCHWANN
DÜSSELDORF

CIP-Kurztitelaufnahme der Deutschen Bibliothek

Hussong, Martin:
Textanalyse optisch : Textanalyse im Deutsch-
unterricht mit gezeichn. Modellen / Martin
Hussong ; Artur Schütt ; Brigitte Stuflesser. –
4. Aufl. – Düsseldorf : Pädagogischer Verlag
Schwann, 1981.
(Fach Deutsch)
ISBN 3-590-15351-2

NE: Schütt, Artur:; Stuflesser, Brigitte:

4. Auflage 1981
Umschlaggestaltung Norbert Gerards
Gesamtherstellung Lengericher Handelsdruckerei Lengerich (Westf.)
ISBN 3-590-15351-2

INHALT

VORWORT

In dem Bemühen, neuen Lernzielen entsprechende neue Lehr- und Lernverfahren für den Deutschunterricht zu finden, haben wir in mehreren Jahren u. a. die Strukturskizze mit Erfolg im Unterricht erprobt. Unsere Arbeit mit ihr hat sich auf alle Klassenstufen des Gymnasiums erstreckt. Ihre Anwendung in anderen Schulgattungen scheint uns ebenso möglich; lediglich aus praktischen Gründen – unser alltäglicher Arbeitsbereich ist eben der des Gymnasiums – blieben unsere Erprobungen auf die eine Schulgattung beschränkt.

Die Strukturskizze läßt sich in mehreren Bereichen des Deutschunterrichts anwenden, wie etwa dem des Geschichtenschreibens und der Aufsatzlehre, der Grammatik, der Interpretation von Texten, der Analyse von Reden, Kommentaren, bei allgemeinen Problemerörterungen, Begriffsbestimmungen. Sie wird mit Erfolg auch in anderen Lernbereichen als denen des Deutschunterrichts angewandt.

Wenn in den folgenden Ausführungen hauptsächlich auf die Textarbeit Bezug genommen wird, so deshalb, weil dieser Bereich im Gymnasium immer noch zum Hauptbestandteil des Deutschunterrichts gehört. Und dies einfach deshalb, weil die Generation mit linguistischer Ausbildung noch nicht die Schulen erreicht hat und die meisten Deutschlehrer der Gymnasien eben ihr Studium hauptsächlich als Literaturstudium verstehen mußten. Ihnen sollen hier zu den ihnen bekannten Arbeitsmaterialien neue Methoden im Hinblick auf neue Lernziele geboten und zur Diskussion gestellt werden.

Erika Essen hat schon vor einigen Jahren unmißverständlich hingewiesen auf das Dilemma, in dem unsere Lehrpläne die Deutschlehrer lassen, wenn es um die Behandlung von Literatur und (somit) um die konkrete Textarbeit im Unterricht geht.[1] Ihr Ver-

[1] Erika Essen, Zur Neuordnung des Deutschunterrichts auf der Oberstufe, Heidelberg 1965, S. 43–56.

gleich der entsprechenden Lehrpläne, der in den letzten Jahren nichts an Aktualität verloren hat, zeigt deutlich, daß die einzelnen Richtlinien der Länder zwar einige sinnvolle Hinweise für diese Arbeit geben,[2] im ganzen aber in einem zu allgemeinen unverbindlich-verbindlichen Sprachtenor höchste Ziele postulieren, die „problematisch" sind[3] und unsere Arbeit gefährden: sei es, daß die zum Teil immer noch vorhandene Deklaration der Dichtung als „Lebenshilfe" alle Voraussetzungen eines objektiven Zugriffs erschwert, wenn nicht gar einer wissenschaftlich gesicherten Textarbeit zuwiderläuft,[4] sei es, daß die unüberbrückbare Diskrepanz zwischen formuliertem Anspruch und unterrichtlicher Wirklichkeit zum einen einer unlauteren Selbstdarstellung unseres Faches Vorschub leistet und zum anderen gerade diejenigen ermüdet, denen an erreichbaren speziellen Lernzielen und nachprüfbaren Unterrichtserfolgen gelegen ist.[5]

Es fehlen selbst den positiven Vorschlägen der Lehrpläne Hinweise oder Empfehlungen über die grundlegenden *methodischen* Möglichkeiten der Erarbeitung gegebener Ziele; so etwa, wenn der Lehrplan von Rheinland-Pfalz die Erkenntnis „der bedeutsamsten Strukturelemente (Motiv, Aufbau, Handlung, Zeit, Raum und Figur) und der Gestalt" als Mittel empfiehlt, den „Gehalt" eines Werkes bewußtzumachen, über die Wege hierzu aber nichts zu sagen hat.[6] Man kann freilich verschiedener Meinung darüber sein, ob ein Lehrplan zu diesem Gebiet überhaupt etwas aussagen soll. Uns erscheint jedoch, daß der alte, primär von einem Stoffkanon bestimmte Plan überholt ist zu einer Zeit, da die Wichtigkeit der Lern- und Denk*strukturen*, der Prozesse selbst also, im Sinne von Unterrichts*inhalten* immer mehr anerkannt wird.

[2] Ebd., S. 46/47.
[3] Ebd., S. 44.

[4] Vgl. die zusammenfassende und akzeptable Darlegung zu dieser Frage bei Helmers, „Didaktik der deutschen Sprache", Stuttgart (1966), S. 260/261. Eine Diskussion dieses Begriffes sollte damit wirklich überflüssig geworden sein.

[5] Zu dem ganzen Komplex dieser Diskrepanz von Anspruch und Wirklichkeit vgl. Horst Rumpf, „Sprachnebel", in: „Die Höhere Schule, November 1968, S. 272ff., und „Die theoretische Pädagogik und die tatsächliche Schule", in: „Die Höhere Schule", Dezember 1967, S. 260ff. Seine Kritik teilen wir voll und ganz. Die auch von ihm empfohlene, neu herausgegebene Arbeit von Siegfried Bernfeld „Sisyphos oder die Grenzen der Erziehung" (= Theorie 2), Suhrkamp Verlag, Frankfurt 1967, kann in diesem Zusammenhang auch hier all jenen bestens empfohlen werden, die geneigt sind, im Bereich der Pädagogik mehr zu denken als zu „dichten" und konkrete Lernzielabsprachen nicht für überflüssig halten.

[6] „Lehrpläne für die höheren Schulen des Landes Rheinland-Pfalz", 1960, S. 79.

Wenn man zudem bedenkt, daß dem Lehrer darüber hinaus auch empfohlen wird, die Methoden, die er an der Universität gelernt hat, allenfalls höchst bedingt als unterrichtlichen Arbeitsweg anzusehen, kann man einmal mehr die ungewisse Lage verstehen, in der der Deutschlehrer sich befindet.[7] Sicher gibt es eine Fülle von wissenschaftlich fundierten Arbeiten zur unterrichtlichen Didaktik und Methodik in den einschlägigen Büchern und Zeitschriften. Sie haben aber meistens mehr den konkreten jeweiligen Unterrichtsgegenstand im Auge als das Bemühen um grundsätzliche methodische Verbindlichkeiten. Eben all dies berechtigt ja auch E. Essen zu der umfassenden Forderung nach einem erst noch „aufzubauenden System von fachlichen Arbeitsmethoden"[8]. Wir sind am Anfang. Und es kommt darauf an, erste Schritte zu tun, d. h. im Rahmen des von uns jetzt ausgewählten Arbeitsgebietes der Betrachtung von Sprachkunstwerken und Texten überhaupt einmal festzustellen, „in welchen Ordnungen und in welchen Schritten das Interpretieren von der ersten Stufe der Werkbetrachtung aufbauend, als ein Instrumentarium von Arbeitsweisen erlernt wird"[9]. Hier versteht sich unsere Arbeit als der Versuch eines solchen Schrittes, einer solchen Arbeitsweise.

Auch wenn man die jüngste Diskussion um das Fach Deutsch verfolgt,[10] dann muß man feststellen, daß uns die möglichen

[7] Auf das ganze weite und dem Interessierten hinreichend bekannte Feld der höchst unvollkommenen, in vielen Fällen einfach unzureichenden Ausbildungsmöglichkeit der Referendare an den Studienseminaren sei hier nur hingewiesen. Vgl. dazu insbesondere die Denkschrift der Arbeitsgemeinschaft Deutsche Höhere Schule „Zur Ausbildung der Lehrer an Gymnasien", Göttingen 1968; die Vorschläge der Deutschen Gesellschaft für Erziehungswissenschaften „Das Kernstudium der Erziehung", Weinheim/Bergstraße 1969; die Protokolle des 17. Gemener Kongresses „Universität und Studienseminar", Düsseldorf 1966, hier insbesondere die Referate von Jeismann, Groothoff und Schmitz.

[8] E. Essen, a.a.O., S. 150ff. Unsere Arbeit versteht sich innerhalb dieses Essenschen Systems von Arbeitsmethoden als Beitrag zum Bereich der „Methoden der Gestaltbetrachtung am Text", „Methodik der Betrachtung von Dichtung", „Methoden des denkenden Erarbeitens und Erörterns", „Methodik der Erarbeitung gedanklicher Texte", a.a.O., S. 151.

[9] E. Essen, a.a.O., S. 48.

[10] Im Anschluß an die „Ansichten einer künftigen Germanistik", hrsg. von J. Kolbe, München 1969; „Kritischer Deutschunterricht" von H. Ivo, Frankfurt 1969; „Bestandsaufnahme Deutschunterricht", hrsg. von H. Ide, Stuttgart 1970; „Lernziele der Gesamtschule" (= Gutachten und Studien der Bildungskommission, Bd. 12), Stuttgart 1969; „Weinheimer Gesamtschul-Curricula", Heidelberg 1971.

Entwicklungen in jedem Falle nicht der Sorge entheben werden, um rationale Arbeitsweisen bei der Erfassung von Textstrukturen bemüht zu bleiben. Der gegenwärtige Literaturunterricht mag sich ändern – und das vorliegende Buch möchte ja in einem Bereich seinen Teil dazu beitragen –, die Dichtung wird keinen so breiten Raum mehr einnehmen, und künftige Interpretationen mögen die bislang vernachlässigten historisch-gesellschaftlichen Aspekte und Funktionen von Literatur mehr beachten – in jedem Falle aber werden wir uns Literatur- und Textbehandlung selbst nicht ersparen können und dürfen.
Die Methode des Strukturierens kann, so meinen wir, darüber hinaus als eine Weise der Betrachtung gelten, die der Seminararbeit der Universität gleichermaßen dienlich sein könnte wie der Unterrichtsarbeit in der Schule. Der Studierende und später Lehrende könnte damit in ungebrochener Weise den Gewinn aus dieser Möglichkeit ziehen.

EINLEITUNG

Vielleicht ist mancher Leser zunächst erschrocken beim ersten Durchblättern dieses Buches. Handelt es sich hier wirklich um eine Arbeitshilfe für den Deutschlehrer oder nicht vielmehr um ein Geometriebuch? Kann man denn Literatur zeichnen?

a) was zeichnen wir?

Wir zeichnen nicht Literatur. Sprachliche Kunstwerke können nicht in ein optisches Medium „übersetzt" werden. Ebensowenig wie eine Bildbeschreibung ein Gemälde einfach in Sprache zu übersetzen imstande ist, ebensowenig läßt sich Dichtung mit graphischen Mitteln wiedergeben. Der Kunstcharakter besteht ja gerade darin, daß ein bestimmter Inhalt formal nicht anders bewältigt werden kann, als er eben in dem betreffenden Kunstwerk bewältigt ist. Sprache oder graphische Mittel oder Farbe sind dabei nicht „Kleid", sondern integrierter Bestandteil, also auch nicht auswechselbar. Was wir zeichnen, sind Interpretationen von Literatur. Wenn es Sache der Interpretation ist – als einer wissenschaftlichen, theoretisch-distanzierten Beschäftigung mit einem Text –, dem sprachlichen Kunstwerk immanente Gesetzmäßigkeiten – Strukturen – sichtbar zu machen, dann müssen sich diese Interpretationsergebnisse auch sichtbar darstellen, also z. B. in einem graphischen Modell vor Augen führen lassen.
Man wird vielleicht unserem bisherigen Gedankengang zustimmen und bestätigen, daß man Strukturen, die bei einer Interpretation zutage treten, auch graphisch sichtbar machen könne. Aber warum sollte man sich ausgerechnet dieser Methode bedienen?
Weil sie besondere Vorteile bietet, in Hinsicht auf die Erhellung des Textes einerseits und in Hinsicht auf die Mitarbeit und das Verständnis des Schülers andererseits. In dem Kapitel „Die Methodik der Strukturskizze" sind diese Möglichkeiten und Vorzüge im einzelnen dargestellt.

b) wie strukturiert man?

Hat man sich zur Arbeit mit Strukturskizzen entschlossen, empfiehlt es sich – neben dem Deutschheft für Aufsatzerziehung, Grammatik usw. – ein eigenes begleitendes Deutschheft zur Lektüre führen zu lassen, am besten ein unliniiertes Heft im DIN-A 4-Format. Es läßt sich darin auch übersichtlicher schreiben, eigene Bilder, Kunstpostkarten, Zeitungsausschnitte (z. B. Theaterkritiken) können eingeklebt werden. Als Zeichengerät sind Filzstifte besonders geeignet, aber einfache Buntstifte tun es auch.

Im allgemeinen wird der Lehrer während des Unterrichts die Strukturskizze an der Tafel entwickeln (man braucht dazu kein zeichnerisches Talent). Sie entsteht in Zusammenarbeit mit den Schülern, wobei Verbesserungsvorschläge der Schüler das ursprüngliche Konzept des Lehrers selbstverständlich auch abwandeln können. Nur in sehr seltenen Fällen wird der Lehrer einmal die Skizzen nicht entwickeln, sondern gleich fertig präsentieren: z. B. dann, wenn es auch Aufgabe der Schüler war, ein passendes Modell zu finden, und wenn nun die Ergebnisse verglichen werden sollen. Freilich ist dieses Verfahren nur bei Schülern möglich, die schon auf die Methode eingespielt sind. Je nach Größe der Tafel können dann z. B. zwei Schüler und der Lehrer ihre Skizzen nebeneinander anzeichnen und zur Diskussion stellen.

Da der nächste Kollege die Tafel ja ebenfalls benötigt, man aber vielleicht noch einmal auf die Skizze zurückkommen möchte oder ohnehin mehrere Stunden dafür vorgesehen hat, ist es günstig, sie auf einen Plakat- oder Zeichenkarton zu übertragen und an der Wand des Klassenzimmers zu befestigen oder am Kartenständer aufzuhängen. Verwendet man zur Interpretation eines Textes mehrere Skizzen, so entsteht begleitend zur Unterrichtsreihe an der Wand ein Fries von Strukturskizzen. Die Arbeit des Zeichnens lohnt sich vor allem bei denjenigen Texten, die zur Standardlektüre gehören.

I. Was leistet die Methode für die Interpretation des Textes?

1. Simultane Wiedergabe mehrerer Aspekte

Nur das optische Modell bietet den unschätzbaren Vorteil, Gleichzeitiges auch simultan wiedergeben zu können, während die Sprache auf ein zeitliches Nacheinander angewiesen ist. Äußerer Geschehensablauf und entsprechender innerer Aufbau einer Erzählung etwa lassen sich graphisch zusammen darstellen; sprachlich jedoch wird die Betrachtung von Gehalt und Gestalt notwendig immer getrennt, auch wenn es sich um kleinste Einheiten handelt. Dies birgt immer die Gefahr, daß man sich dann beides nicht nur methodisch, sondern auch grundsätzlich getrennt denkt.
Ebenso lassen sich die verschiedenen Funktionen eines Elementes etwa in einem Handlungsablauf oder auch der Gesamtumriß einer Erzählung oder eines Dramas nur graphisch so darstellen, daß man sie als Ganzes wahrnehmen kann. Das kommt vor allem solchen Schülern zugute, die noch keine größeren Zusammenhänge überschauen können.

2. Klare Trennung von Text und Interpretation

Die theoretische Beschäftigung mit Kunst, wie sie in Wissenschaft und Unterricht geleistet wird, geschieht auf einer anderen Ebene als die Entstehung des Kunstwerkes. Das Kunstwerk wird nicht angetastet oder umgearbeitet, es wird zu seinem besseren Verständnis von einer distanzierten Position aus betrachtet und beschrieben. Solche Betrachtung und Beschreibung eines Kunstwerkes aber vollzieht sich im Medium der Sprache. Da aber der betrachtete und beschriebene Gegenstand im Fall der Literatur selber schon in Sprache vorliegt, ist man leicht versucht, zur Interpretation Formulierungen aus dem Text selbst zu entwenden. Viele Textinterpretationen sind nichts anderes als Paraphrasierungen, bei Schülern Nacherzählungen. Da das Medium Sprache das gleiche ist, ist die notwendige Distanz zwischen Kunstwerk und Interpretation nicht gewährleistet. Oft geben sich Interpretationen selber poetisch und bedürfen ihrerseits der Deutung; sie machen keinen Unterschied zwischen dichterischer und wissenschaftlicher Sprache, die aber doch sozusagen verschiedene Aggregatzustände von Sprache sind.

Gerade wenn man der Dichtung ihren Rang als Kunstwerk erhalten will, muß man die Sprache der Interpretation deutlich von der dichterischen Sprache absetzen. Schüler, die eben erst lernen, sich überhaupt sprachlich unmißverständlich und exakt auszudrücken, sind dazu nicht imstande. Wie soll man ihnen klarmachen, daß die Sprache der Interpretation von der Dichtung verschieden sein muß, wenn sie beides erst langsam kennenlernen – und wenn selbst bei erwachsenen Interpreten in diesem Punkt unklare Vorstellungen herrschen. Um den Schülern zur nötigen Distanz zu verhelfen und deutlich zu unterscheiden zwischen dem Gegenstand und seiner Beschreibung, tut man gut daran, ein nichtsprachliches Medium für die Interpretation zu wählen. Als solches eignet sich besonders eine graphische Darstellung. Die Strukturskizze übernimmt die Rolle einer Meta-Sprache.

3. Erleichterung der Terminologiefindung

Nun ist dem Verdacht zu begegnen, Schüler, die mit Strukturskizzen arbeiten, könnten auf diese Weise nie die notwendige Fachsprache der Interpretation erlernen. Schließlich müßten Gedicht- und Prosainterpretationen etwa als Abituraufsatz in Sprache und nicht als Zeichnung abgeliefert werden ...
Die sprachliche Interpretation wird durch das optische Modell keineswegs ausgeklammert, sondern eher gestützt und überhaupt erst ermöglicht. Wenn man die Sprache von Interpretationen untersucht, wird man feststellen, daß ihr Vokabular sich durchweg aus sprachlichen Bildern zusammensetzt, Metaphern und Analogien, die aus anderen Bereichen herangezogen werden. Wenn man also eine Strukturskizze beschreibt und dabei etwa vom Ansteigen des Handlungsbogens spricht oder davon, daß die Erzählung in sich zurückkehrt, von parallelen Handlungsabläufen, Handlungskreisen, stufenweisem Anstieg, Gipfel der Handlung usw. – dann erarbeitet man sich damit zugleich das Vokabular der sprachlichen Interpretation.

II. Was leistet die Methode für den Schüler?

Im Unterricht erweist sich das Arbeiten mit Strukturskizzen (was man selbstverständlich nicht in jeder Stunde und auch nicht an jedem Text betreibt) als sehr fruchtbar. Sprachlich gehemmten, aber visuell begabten Kindern werden Einsichten ermöglicht, den begrifflich denkenden werden sie anschaulich bestätigt. Der Unterricht wird abwechslungsreicher und spricht, was vor allem in der Unter- und Mittelstufe wichtig ist, verschiedenere und zahlreichere Fähigkeiten an als der „normale“ Deutschunterricht.

1. Erziehung zur Selbsttätigkeit
2. Festhalten der Unterrichtsergebnisse
3. Merk- und Erinnerungshilfe

Diese Reihenfolge entspricht auch dem zeitlichen Ablauf innerhalb des Unterrichts.

III. Die Strukturskizze im Unterricht und seiner Planung

Verschiedene Formen von Strukturskizzen können im Unterricht auf verschiedene Weisen eingesetzt werden.

a) Die Strukturskizze als Zusammenfassung und Zuordnung der bei der Bestandsanalyse als relevant gefundenen Bauelemente. Die Skizze steht dann vor der eigentlichen Interpretationsarbeit, leitet diese aber ein, indem die zu deutenden Bezüge dargestellt werden. Sie dient der Interpretation als Orientierungshilfe und organisiert ihre Schritte. Immer wieder wird die Skizze oder werden Teile von ihr mit dem Text verglichen. Interpretationsergebnisse können eventuell noch in die Graphik eingetragen werden, die Qualitäten von Beziehungen noch optisch symbolisiert werden. Häufig wird sich die Notwendigkeit ergeben, Gezeichnetes abzuändern. Das disqualifiziert nicht die geleistete Arbeit, sondern zeigt den Schülern deutlich, daß eine Skizze keine eigenständige Größe ist, sondern Hilfsmittel, demgegenüber der Befund des Textes absoluten Vorrang hat.

b) Häufig sind Analyse des objektiven Textbefundes und Interpretation nicht scharf zu trennen, sondern Interpretationsschritte folgen unmittelbar der Analyse von Teilbereichen des Textes und lenken dann selbst wieder die Auswahl des nächsten Analysenaspektes. Die Skizze wächst dabei langsam, begleitet gleichsam als Protokoll, das den Stand der Arbeit zeigt, den Deutungsvorgang. Die Fertigstellung der Skizze könnte mit dem Ziel der Interpretation zusammenfallen. Es mag sich dabei auch mitunter ergeben, wenn sehr viele Teilstrukturen in die Skizze eingegangen sind, daß diese dann einem an ihrer Entstehung nicht beteiligten Betrachter unübersichtlich und zu kompliziert erscheint. Damit ist aber noch kein Urteil über ihre Brauchbarkeit gefällt. Wenn nämlich die einzelnen Teilschritte ihrer Entstehung klar und folgerichtig waren, dann hat sie ihre Dienste getan. Sicher wird sich der Schüler dann auch noch im komplexen Gebilde zurechtfinden.

c) Es ist auch möglich, mit einer Zeichnung einen Interpretationsgang abzuschließen. Die Skizze dient dabei als optisches Mittel, die Interpretation vor allem in einer Zusammenfassung übersichtlich darzubieten, damit sie vom Hörer auch eventuell reproduziert werden kann.

d) Eine besondere Rolle kann die Strukturskizze auch bei der häuslichen Nacharbeit einer Interpretation durch den Schüler spielen. Als Hausaufgabe kann man entweder stellen, eine Skizze zu vollenden, eine ähnliche Skizze zu einem anderen Text anzufertigen, eine Skizze zu beschriften oder nach einer Skizze eine schriftliche Interpretation auszuarbeiten. Alle diese Aufgaben (ausgenommen die letzte) lassen sich auch als Aufträge zur Gruppenarbeit stellen. Sollen Gruppen selbst eine Skizze anfertigen, so erweist es sich oft als günstig, vor allem auf Unter- und Mittelstufe, einige Merkmale der Zeichnung, etwa ihre Ausgangspunkte, im Unterrichtsgespräch schon festzulegen (vgl. als Beispiel einer Gruppenarbeit „Von einem klugen Alten").

e) Daß die Strukturskizze bei der fachlichen Vorbereitung des Lehrers nützlich sein kann, braucht nicht weiter erwähnt zu werden. Sie ist aber auch hilfreich für die zeitliche und methodische Planung der Unterrichtsstunde oder Unterrichtseinheit. Hat man eine Skizze gefunden, so liegen damit schon in gewisser Weise die Schritte zum Unterrichtsziel exakt fest. Den Schritten müssen nur noch passende Verfahrensweisen zugeordnet werden. Dies mag besonders für Lehrproben haltende Referendare von Vorteil sein. Ihr Unterrichtsplan erhält durch eine Strukturskizze innere Logik und äußere Sicherheit.

Kapitel I

MODELLGRUPPEN

Einleitung zu den Modellgruppen

Im folgenden sollen einige Grundmodelle dargestellt werden, die an verschiedenen Texten auf verschiedenen Klassenstufen erarbeitet und erprobt wurden und sich als besonders einsichtig erwiesen haben. Dabei wurden vor allem solche Modelle ausgewählt, deren Grundriß sich abwandeln läßt auf verschiedene Texte ähnlicher Struktur, was sowohl dem Lehrer die Vorbereitung erleichtern soll als auch dem Schüler gattungstypische Merkmale vor Augen führen kann.
Als Modelle geeignet sind grundsätzlich alle geometrischen Figuren, Anleihen sind überall möglich – bei technischen Skizzen, physikalischen Modellen und Graphik; Voraussetzung ist lediglich Überschaubarkeit. Selbstverständlich reicht ein einziges graphisches Modell aber auch oft nicht aus, um die verschiedenen oder gar alle Aspekte sichtbar zu machen, unter denen man einen Text angehen kann. Auch läßt es sich durchaus denken, daß sich zur graphischen Darstellung ein und desselben Phänomens verschiedene Modelle eignen, weshalb die im folgenden angebotenen eben nur Vorschläge und Anregungen sein sollen. Freilich darf man in diesem Zusammenhang aber auch anmerken, daß Kollegen, die sich an Strukturskizzen zum selben Text, aber getrennt voneinander versucht haben, oft zu erstaunlich übereinstimmenden Ergebnissen kamen in der Wahl ihrer Modelle. Bestimmte Strukturen eines Textes erfordern anscheinend bestimmte graphische Entsprechungen, was zugleich bestätigt, daß solche Entsprechung überhaupt möglich ist.

Einige Grundmodelle

1. Modellgruppe: Erzählerperspektive und Erzählebenen
   a) Theodor Storm, Pole Poppenspäler
   b) Jeremias Gotthelf, Die schwarze Spinne
   c) Homer, Odyssee

2. Modellgruppe: Dramenstrukturen
   a) Schiller, Wilhelm Tell
   b) Schiller, Maria Stuart
   c) Goethe, Götz von Berlichingen
3. Modellgruppe: Handlungsverlauf und Motivuntersuchung
   a) Gottfried Keller, Kleider machen Leute
   b) Annette von Droste-Hülshoff, Die Judenbuche
   c) Ingrid Bachér, Lasse Lar
4. Modellgruppe: Inhalt, Zusammenhänge, Zuordnung von Personen
   a) Gottfried Keller, Kleider machen Leute
   b) Ingrid Bachér, Lasse Lar
5. Modellgruppe: Modelle zu nicht-poetischen Texten

1. Modellgruppe: Erzählerperspektive und Erzählebene

Dieses Modell erweist sich, so einfach es ist, als sehr hilfreich bei der Interpretation epischer Dichtung. Am besten wird es gleich am Beispiel erläutert:

a) Die Skizze (Bild 1) entstand bei der Lektüre des *Pole Poppenspäler* in einer 7. Klasse (Quarta). Es war einer der ersten Eindrücke der Schüler, daß die Geschichte zwei Erzähler hat: den Autor Theodor Storm und den Mechaniker Paulsen. Jeder Erzähler wurde gesondert gezeichnet; die Stellen, an denen der Erzähler wechselt, wurden mit der Seitenzahl der Reclamausgabe versehen. Außerdem erhielten die Passagen, die Paulsen erzählt, eine kurze Inhaltsangabe. Es stellt sich dann bei der weiteren Untersuchung heraus, daß Storm geradlinig von einer Zeit erzählt, die er als Junge erlebte: in der Erzählung ist dies Gegenwart. Paulsen hingegen berichtet Ereignisse, die, von jener Gegenwart aus gesehen, zurückliegen, jedoch jeweils in verschiedenen Abständen zu dieser Gegenwart. Zunächst erzählt er von seiner und Liseis Kindheit, wird kurz unterbrochen, erzählt weiter von der Kindheit und springt dann zwölf Jahre näher hin zu dem, was in der Erzählung Gegenwart ist. Als er nach einer weiteren Unterbrechung fortfährt, liegen die Ereignisse wieder näher an der Gegenwart, und die letzte Passage Paulsens ist – von der Gegenwart der Erzählung her gesehen – gerade erst Vergangenheit. Während Storm immer

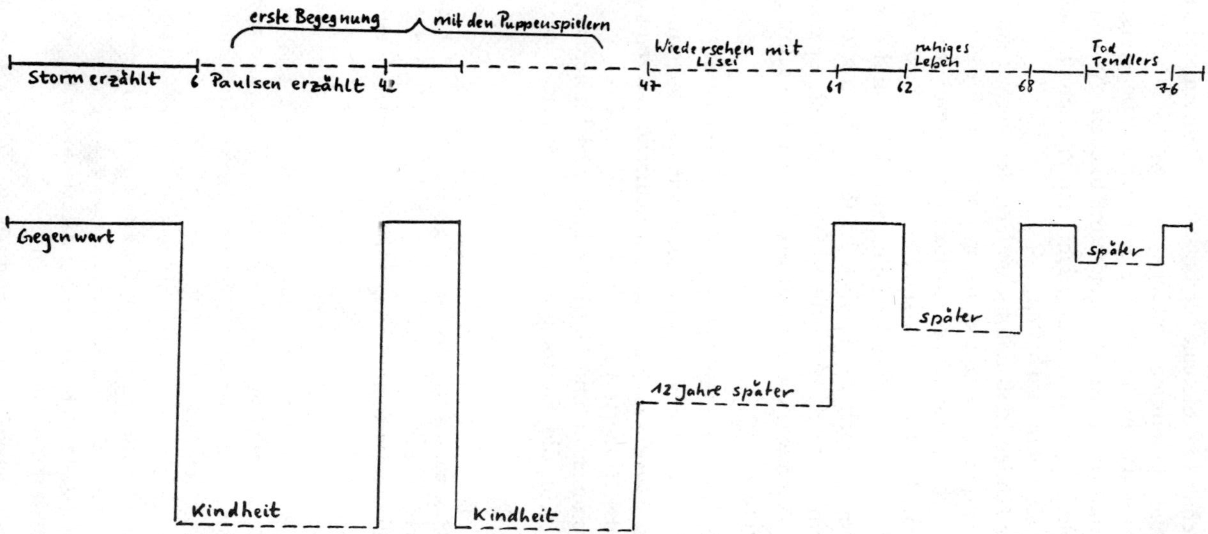

Bild 1 Erzählerperspektive und Erzählebenen in „Pole Poppenspäler"

auf der gleichen Erzählebene bleibt, läßt er Paulsen nicht nur eine andere Ebene einnehmen, sondern auch wechseln, und zwar in ständiger Annäherung an seine eigene Erzählebene. Daß dieser Aufbau genau dem Inhalt, der allmählichen Aufhellung des Namens Pole Poppenspäler entspricht, den Paulsen ja noch immer trägt, läßt sich leicht erarbeiten.
Die Schüler fanden, daß dafür eine Gerade, wie wir sie zunächst gezeichnet hatten, nicht ausreiche und daß wir eine eigene Kurve dafür anfertigen müßten. So entstand die zweite, treppenartige Kurve, parallel jedoch zur ersten, so daß eine Zusammenschau zwischen dem Wechsel der Erzählerperspektive und der Erzählebene immer möglich ist. Freilich hätte der Lehrer darauf hinwirken können, beide Aspekte gleich in einer Zeichnung zu vereinigen. Aber was die Schüler auf diese Weise selbst gefunden haben, ist ihnen einsichtiger.

b) Das gleiche Grundmodell läßt sich unschwer auf zahlreiche Novellen, Epen, Romane anwenden wie in Zeichnung 2 auf die *Schwarze Spinne* von Jeremias Gotthelf. Die Skizze entstand in einer 9. Klasse (Obertertia) (Bild 2).
In die Rahmenerzählung Gotthelfs sind zwei Binnenerzählungen eingelassen, für die Gotthelf einen anderen Erzähler zu Wort

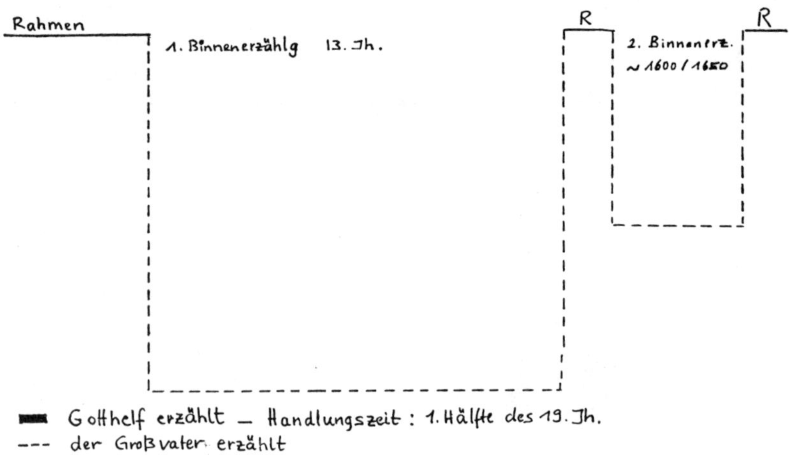

Bild 2 Erzählebenen und Erzählerperspektive in der „Schwarzen Spinne“

kommen läßt: den Großvater. Während auch hier der Autor auf einer Erzählebene bleibt, deren Hintergrund die erste Hälfte des 19. Jahrhunderts ist, steigt der Großvater in vergangene Zeiten hinab. Die erste Binnenerzählung vom Entstehen, der Ausbreitung und vorläufigen Bannung der schwarzen Spinne hat als zeitlichen Hintergrund das 13. Jahrhundert. Die zweite Binnenerzählung, die den neuerlichen Ausbruch der Spinne schildert, dürfte zwischen 1600 und 1650 spielen. Jedenfalls liegt sie sehr viel näher an der Erzählebene Gotthelfs als die erste. In dieser Zeichnung sind nun schon beide Aspekte in einer Kurve vereinigt. Auch läßt sich an derselben Zeichnung der sich steigernde Rhythmus der Erzählung schon erkennen: Die Rahmenstücke werden immer kürzer, und die zweite Binnenerzählung ist wesentlich knapper als die erste. Von der Schlußinterpretation her wird der graphisch dargestellte Aufbau der Novelle geradezu zu einer Analogie des Gehalts: die Binnenerzählungen mit ihrem grotesk-apokalyptischen Geschehen sind in den behäbig-heiteren Rahmen eingelassen wie der Fensterpfosten, der die Spinne birgt, in das schmucke neue Haus. Beides aber sind Zeichen der ständigen Bedrohung des Guten durch die Nachbarschaft des Bösen.

c) Immer noch dasselbe Modell wurde verwendet bei der Interpretation der *Odyssee* in der 11. Klasse (Obersekunda) (Bild 3). Hier handelt es sich nun sogar um drei Erzähler: Homer berichtet in chronologischer Sukzession vom Aufenthalt des Odysseus auf Scheria, der Insel der Phaiaken. Odysseus selbst erzählt zunächst am Hof des Alkinoos nur einen Teil seiner Vergangenheit: er beginnt bei seinem Schiffbruch und der Landung auf Ogygia, erzählt vom siebenjährigen Aufenthalt dort, vom Floß der Kalypso, vom Sturm und der Landung auf Scheria. Damit „landet" seine Binnenerzählung genau auf der Erzählebene Homers, dem Bericht vom Aufenthalt auf Scheria. Am weitesten zurück in die Vergangenheit greift dann der Sänger am Hofe des Alkinoos, Demodokos, der vom Bau des hölzernen Pferdes und vom Untergang Trojas singt. Er rührt damit an die Wurzel aller Geschicke des Odysseus. Dieser selbst beginnt dann jedoch, als er sich endlich zu erkennen gibt, ungefähr noch einmal an derselben Stelle wie bei seinem ersten Bericht. Nur greift er diesmal noch auf den Aufenthalt bei Kirke auf Aiaia zurück, kommt dann zu Ogygia,

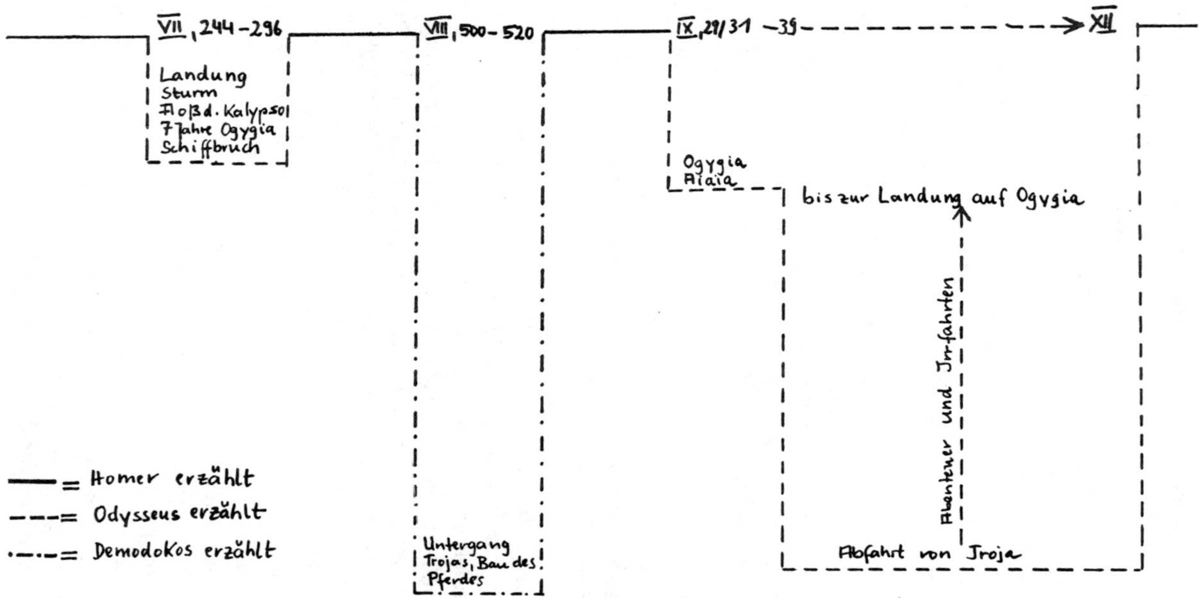

Bild 3 Erzählebenen in der Odyssee

wovon er schon das letztemal berichtet hat, und knüpft erst dann, in einem gewaltigen Sprung nach rückwärts, dort an, wo Demodokos aufhörte: er beginnt mit seiner Abfahrt von Troja und berichtet dann chronologisch alle Ereignisse bis zum Aufenthalt auf Ogygia, denn von da ab ist sein weiteres Schicksal vom ersten Bericht her noch bekannt. Es läßt sich an diesem Abschnitt der Odyssee mit Hilfe der Skizze gut zeigen, daß hier alle wichtigen Techniken epischen Erzählens schon vorhanden sind – fortlaufendes Erzählen, Rückblende, Variation durch Erzählerwechsel, Variation sogar in der nicht kontinuierlichen Abfolge der Rückblenden. Und das alles wird bereits mit Bravour gehandhabt. Es ist geradezu raffiniert, wie der Autor den Odysseus nicht gleich bei Demodokos anknüpfen, sondern noch einmal auf die Stelle zurückgreifen läßt, bei der er seinen ersten Bericht begonnen hat: Aufmerksamkeit gegenüber den Zuhörern, nochmals leichtes Zögern und Retardieren, dadurch Steigerung und Stauung der Spannung und dann endlich hervorbrechend der Sturzbach des Erzählens „von Anfang an".[1]

2. Modellgruppe: Dramenstrukturen

a) Für das klassische Drama bietet sich als graphisches Modell das Dreieck an. Die erste Zeichnung entstand in einer 8. Klasse (Untertertia) zum Aufbau des *Wilhelm Tell* (Bild 4). Das große Dramendreieck setzt sich zusammen aus den fünf kleineren Dreiecken, die jeweils einen Akt darstellen. Die gestrichelten Querstriche innerhalb der kleinen Dreiecke markieren die Auftritte. Zur Kennzeichnung der verschiedenen Handlungsstränge waren drei Farben gewählt worden, die auch in anderen Skizzen zur Lektüre des *Wilhelm Tell* erschienen: Rot für die Tell-Handlung, Gelb für die Schweizer Volk-Handlung, Blau für die Geßler/Vögte-Handlung. Durch die Dreifarbigkeit wird Tell zunächst klar und deutlich von den Schweizern abgesetzt; erst in V, 3, und da zum einzigenmal, tauchen beide Farben zusammen auf.
I,1 enthält alle drei Farben und gibt sich damit deutlich als Exposition zu erkennen. Im 2. Aufzug erscheint die rote Farbe überhaupt nicht, Tell geht seine eigenen Wege. Gelb dominiert: II, 2 ist die Rütli-Szene. Besonders gut zeigen die Farben den Auf-

[1] Vgl. Heinisch, Homer im Deutschunterricht, Paderborn 1965, S. 16.

bau des 3. Aufzuges: III,1 ist der ausschließlichen Darstellung Tells und seiner Familie gewidmet; III, 2 zeigt im Zwiegespräch Berta/Rudenz die beiden anderen Parteien. Erst in III, 3, dem Höhepunkt der Apfelschußszene, finden sich alle drei Farben wieder zusammen, zum erstenmal seit I, 1: Tell und Geßler stehen sich gegenüber, umgeben vom Schweizer Volk. Der IV. Aufzug zeigt im Verschwinden der blauen Farbe die Niederlage Geßlers, in V erscheinen nur noch Rot und Gelb.
Bei einer Klassenarbeit, bei der Inhaltsangaben des *Wilhelm Tell* für ein Theaterprogrammheft oder für das Drehbuch eines Films gefordert waren, durfte die Skizze zur Orientierung neben dem Text benutzt werden. Die Ergebnisse zeigten, daß die Übersicht über die Zusammenhänge und die Gliederung der Stoffmenge durch die Skizze erheblich erleichtert waren.

b) Dasselbe Grundmodell wurde abgewandelt in einer 10. Klasse (Untersekunda) bei der Lektüre der *Maria Stuart* verwendet (Bild 5). Es empfiehlt sich hier nicht, die Fülle der Auftritte einzuzeichnen. Die beiden Striche (gestrichelt und durchgezogen) symbolisieren Absichten und Ergebnisse: Alles, was bis zum 3. Aufzug zur Rettung Marias unternommen wird, schlägt dann

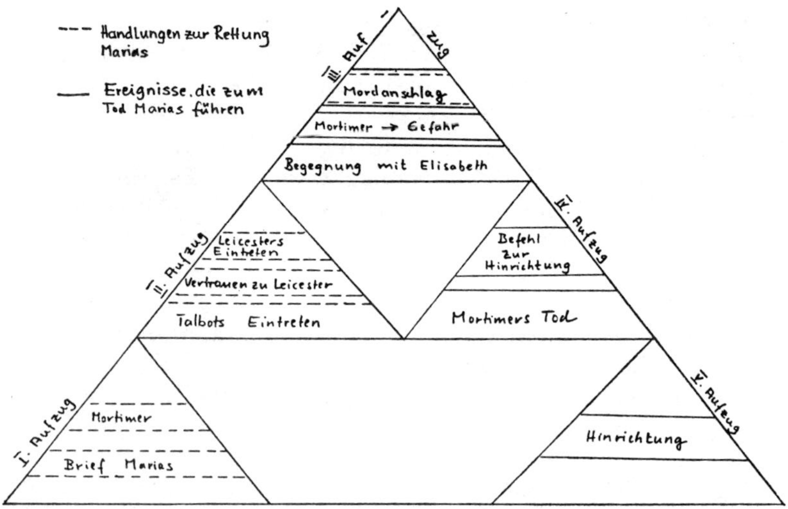

Bild 5

zum Ende hin in sein Gegenteil um, wird zur Gefahr für sie und bringt ihr schließlich die Hinrichtung. Es werden jeweils nur die diesbezüglichen Hauptfakten angegeben, die ein Aufzug enthält. Aber hier zeigt sich, daß das Dramendreieck als Modell nicht ausreicht. Zwar zeigt sich die Gegenläufigkeit der Entwicklung in den beiden Strichen, aber es läßt sich nicht darstellen, daß es genau dieselben Ereignisse sind, die – zunächst zur Rettung ersonnen – zur Bedrohung werden. Dafür wurde eine zweite Skizze versucht (Bild 6), die die Aufzüge horizontal nebeneinander ordnet und die

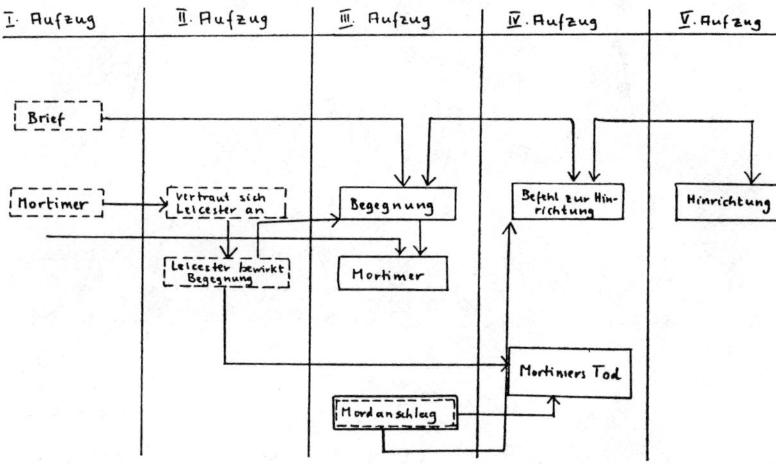

Bild 6

Ereignisse durch Pfeile verbindet, die kennzeichnenden Striche werden beibehalten. Jetzt zeigt sich die tragische Verknüpfung besser: dadurch z.B., daß Mortimer sich Leicester anvertraut, erreicht er, daß Leicester die Begegnung der Königinnen herbeiführt. Aber gerade diese Begegnung wird für Maria das Gegenteil dessen bringen, was sie sich davon erhofft hat, und Mortimer wird (im 4. Aufzug) von Leicester rücksichtslos geopfert, weil er die Komplizenschaft nicht eingestehen will und kann.

c) Ganz und gar ungeeignet ist das Dreiecksmodell für den epischen Bilderbogen des *Götz von Berlichingen* (wie für jedes epische Theater). Hier wurde in einer 9. Klasse (Obertertia) ein

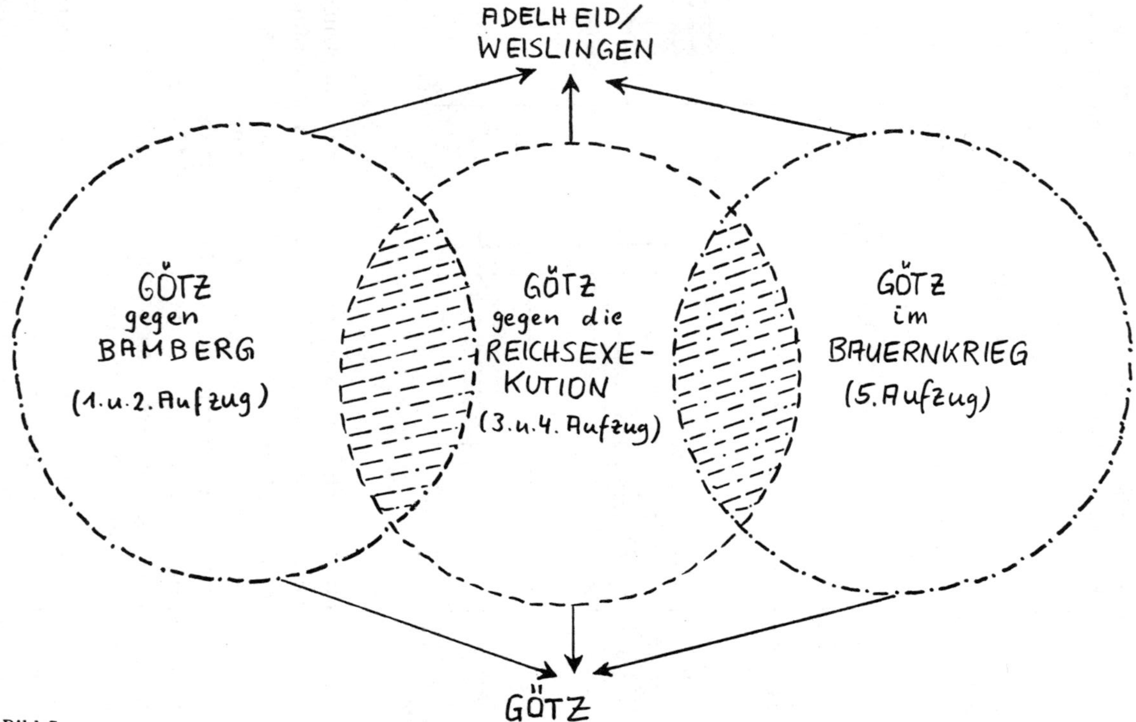
ADELHEID/
WEISLINGEN
GÖTZ
gegen
BAMBERG
(1.u.2. Aufzug)
GÖTZ
gegen die
REICHSEXE-
KUTION
(3.u.4. Aufzug)
GÖTZ
im
BAUERNKRIEG
(5. Aufzug)
GÖTZ

Bild 7

anderes Modell versucht (Bild 7). Drei ineinandergreifende Handlungskreise liegen auf einer Ebene und werden durch drei verschiedene Strichführungen gekennzeichnet: Götz gegen Bamberg – (Strich/Strich/Punkt); Götz gegen die Reichsexekution – (gestrichelt); Götz im Bauernkrieg – (Strich/Punkt). Die Nahtstellen zwischen den Handlungskreisen sind von besonderem Interesse: Götzens Überfall auf Nürnberger Kaufleute, um seinen Buben zu rächen, und das Verhalten Weislingens bringen ihn in Gegensatz zum Reich, so geht der erste Handlungskreis in den zweiten über. Ähnlich verflochten sind die Kreise 2 und 3. Die ihm von der Reichsexekution aufgezwungene Untätigkeit macht Götz reizbar und anfällig für die Aufforderung der Bauern, ihr Anführer zu werden.
An der Strukturskizze läßt sich ablesen, daß das Drama keinen eigentlichen Gipfel- oder Wendepunkt hat: Götz fällt schon vom ersten Auftritt an seinem Ende entgegen. Dennoch kommt dem zweiten Handlungskreis durch seine Mittlerrolle eine gesteigerte Bedeutung zu. Es gibt keine Einheit des Ortes oder der Zeit: Die Handlungskreise werden lediglich durch die Einheit der Personen zusammengehalten; Götz auf der einen, seine Gegenspieler Weislingen und Adelheid auf der anderen Seite.

3. Modellgruppe: Handlungsverlauf und Motivuntersuchung

Diese Modellgruppe beschäftigt sich wieder mit „Bauformen des Erzählens". Die Skizzen entstanden bei der Untersuchung von Handlungsabläufen und Motiven, wobei dies ja oft keine getrennten, sondern aufeinander bezogene Aspekte sind. Häufig bringt das Motiv als bewegendes Moment die Handlung in Gang und führt sie an entscheidenden Stellen weiter oder markiert wichtige Einschnitte, z.B. als Leitmotiv.

a) Die erste Zeichnung entstand in einer 8. Klasse (Untertertia) bei der Lektüre von Gottfried Kellers *Kleider machen Leute* (Bild 8). Die Schüler fanden sehr schnell den Umriß des äußeren Handlungsablaufs (in der Zeichnung durchgehende Striche): Aufstieg Strapinskis zum vermeintlichen Grafen, Fall und erneuter Aufstieg. Die äußeren Ereignisse, die zum ersten Aufstieg führen, wurden im Text aufgesucht und auf schwarzen Pfeilen eingetragen: Strapinskis Aussehen und seine Kleidung, die Begegnung

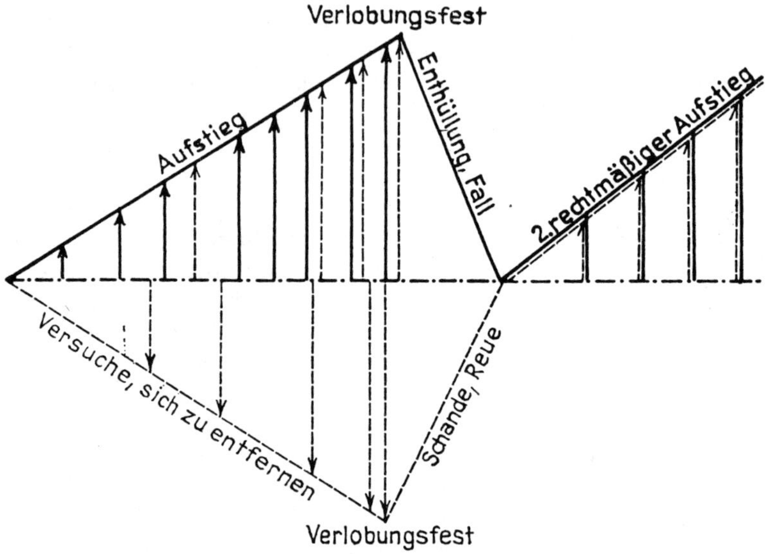

Bild 8

mit der Kutsche, die Umstände beim Aussteigen und Essen, die Aussage des Kutschers, der Umgang mit den Pferden, Glück im Spiel, die Begegnung mit dem Amtsrat und seiner Tochter, die Begegnung mit Nettchen am Stadttor, Glück im Lotteriespiel. (Die Schüler verwendeten diesmal zwei einander gegenüberliegende Heftseiten für die Skizze; ich habe auf dem obigen Format die Pfeile nicht beschriftet, um den Eindruck nicht zu verwirren). Die Schüler stellten jedoch fest, daß es nicht nur äußere Einflüsse sind, die Strapinskis Aufstieg vorantreiben, gelegentlich hilft er auch selbst dabei mit, was die gestrichelten Pfeillinien wiedergeben: er ißt mit Genuß, was man ihm vorsetzt, er beginnt gewählter zu sprechen, er kehrt im entscheidenden Moment zurück in die Stadt, er hält schließlich um Nettchens Hand an.
Freilich hat er während der ganzen Zeit auch ein schlechtes Gewissen und versucht, sich zu entfernen. Da dieses „Innenleben“ Strapinskis dem äußeren Ablauf genau entgegengesetzt ist, wurde eine gestrichelte „innere“ Handlungskurve spiegelbildlich zur äußeren eingetragen. Pfeile markieren hier die Versuche Strapinskis, wieder alles in Ordnung zu bringen.

Das Verlobungsfest ist Gipfel des Aufstiegs und bringt zugleich die erniedrigende Enthüllung und den Fall. Strapinski, der Selbstmordgedanken hat und sich in den Schnee wirft, bezeichnet den tiefsten Punkt der Handlungskurve. Der zweite Aufstieg beginnt, als Nettchen ihn findet. Nun aber gibt es keinen Zwiespalt mehr zwischen innerem und äußerem Geschehen: die gestrichelten und durchgezogenen Linien laufen parallel, und die Ereignisse, die nun zum äußeren Aufstieg beitragen, stimmen mit den inneren Absichten des Helden überein.
Die Entwicklung dieser Strukturskizze zog sich, die sorgfältige Untersuchung des Textes begleitend, selbstverständlich über mehrere Stunden hin.

b) Die Struktur der *Judenbuche,* beim ersten Lesen den Schülern einer 10. Klasse (Untersekunda) keineswegs einsichtig, wird anhand der Skizze verblüffend klar verdeutlicht (Bild 9). Die Gipfelpunkte der Erzählung (deren Vielzahl daran zweifeln ließ, ob es

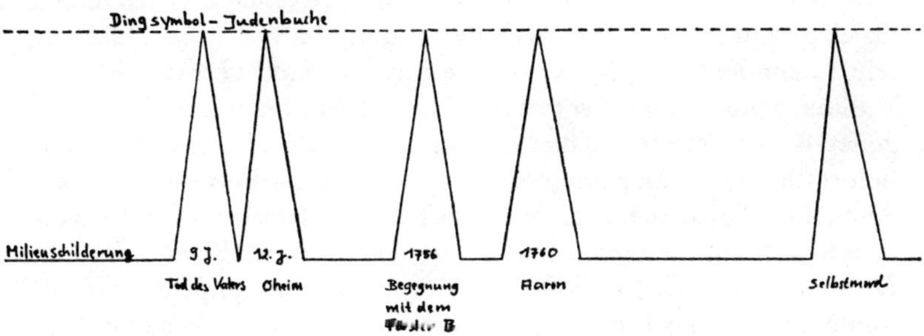

Bild 9

sich hier überhaupt um eine Novelle handle) sind: der Tod des Vaters, als Friedrich Mergel neun Jahre zählt, die Begegnung mit dem Oheim im 12. Lebensjahr, die Begegnung mit dem Förster Brandes im Jahre 1756, der Tod Aarons 1760 und schließlich der Selbstmord Friedrichs. Die Struktur all dieser Gipfelpunkte ist gleich, vor allem berühren sie alle das Dingsymbol der Buche. Diese einheitliche Symbollinie beweist am Ende doch die Novellenstruktur.[2]

[2] Benno v. Wiese, Die deutsche Novelle, Düsseldorf 1967, S. 154ff.

c) Sogar relativ komplizierte Handlungsabläufe lassen sich mit Hilfe einer Strukturskizze einsichtig machen. Diese Zeichnung entstand bei der Beschäftigung mit *Lasse Lar,* einer Erzählung von Ingrid Bachér[3] in einer 7. Klasse (Quarta) (Bild 10). In dieser Erzählung erleben vier finnische Kinder, die auf einer Insel auf die Rückkehr ihrer Eltern warten, einige seltsame Tage und Nächte. Ein plötzlich aufgetauchter fremder Junge, Lasse Lar, erzählt ihnen jede Nacht eine Geschichte, von der sie am nächsten Morgen nicht mehr wissen, ob sie sie geträumt oder wirklich erlebt haben. Die Strukturskizze bezieht sich auf die Geschichte vom Geisterschiff, die Lasse Lar in der ersten Nacht erzählt. Dabei wird deutlich, daß zunächst Lasse Lar erzählt und die Kinder zuhören, von einem bestimmten Augenblick an aber die Kinder alles miterleben: Das Geisterschiff erscheint tatsächlich, die Kinder werden gefangengenommen und erleben auf dem Schiff nun seltsame Dinge; unter anderem hören sie von einem jungen Mann namens Will – eingeblendet in den Handlungsablauf – dessen Geschichte. Alle Ereignisse aber, auch die Geschichte Wills, haben im Grund das gleiche Thema: die Freundschaft. Auf dem Geisterschiff befinden sich Menschen, die ihren Freund verraten haben; Will hat seinen Bruder verraten, erweist sich aber gegen die gefangenen Kinder freundlich und wird dadurch erlöst, Lasse Lar schließlich rettet die Kinder und erweist sich selber als Freund (Bild 11). Auch für Teilausschnitte einer Erzählung lassen sich selbstverständlich Strukturskizzen finden. So zeigt sich an dieser Skizze zu *Lasse Lar* (Bild 12), daß die Erzählung der vergangenen Nacht, deren Thema die Freundschaft war, sich auf den folgenden Tag, die Begegnung mit zwei Fischerjungen auswirkt. Diese Begegnung mit den armen Kindern wiederum beeinflußt die Erzählung der folgenden Nacht, die um das Thema Armut kreist. Belegstellen aus dem Text werden auf Pfeilen mit Seitenzahlen angegeben.

4. Modellgruppe: inhaltliche Zusammenhänge, Zuordnung von Personen

Vor allem in Unter- und Mittelstufenklassen bietet auch der Inhalt einer erzählenden Dichtung oft Schwierigkeiten, was die Vielzahl der Schauplätze oder die Zusammenhänge zwischen den

[3] Ingrid Bachér, Lasse Lar oder Die Kinderinsel, Wiesbaden 1958, Insel-Bücherei Nr. 788, 1. Aufl. 1963.

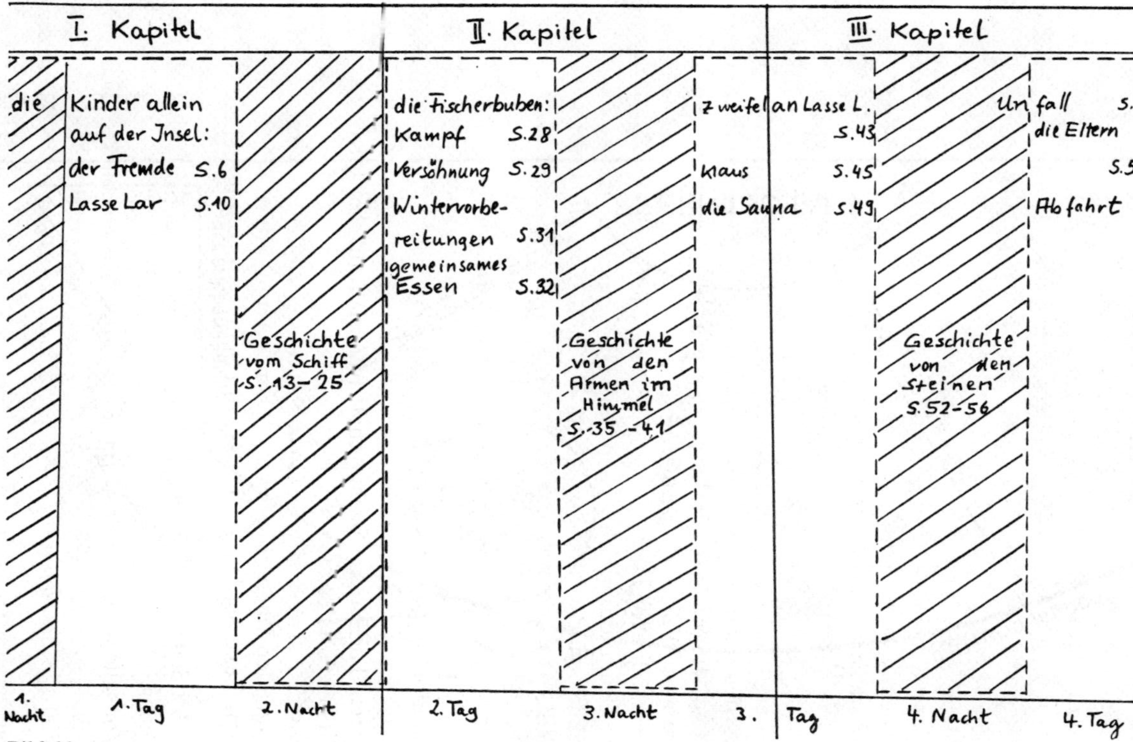
I. Kapitel
II. Kapitel
III. Kapitel
die
Kinder allein auf der Jnsel:
der Fremde S.6
Lasse Lar S.10
Geschichte vom Schiff S. 13–25
die Fischerbuben:
Kampf S.28
Versöhnung S.29
Wintervorbereitungen S.31
gemeinsames Essen S.32
Geschichte von den Armen im Himmel S. 35 – 41
Zweifel an Lasse L. S.43
Klaus S.45
die Sauna S.49
Geschichte von den Steinen S.52–56
Unfall S.56
die Eltern S.59
Abfahrt
1. Nacht
1. Tag
2. Nacht
2. Tag
3. Nacht
3. Tag
4. Nacht
4. Tag
Bild 10

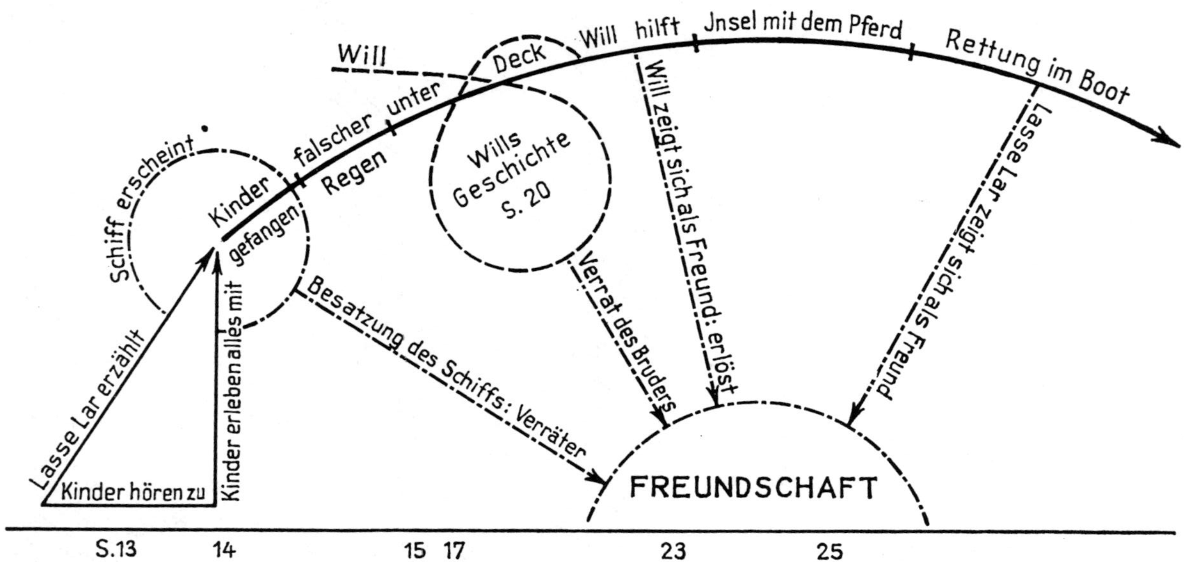

Bild 11 „Lasse Lar“

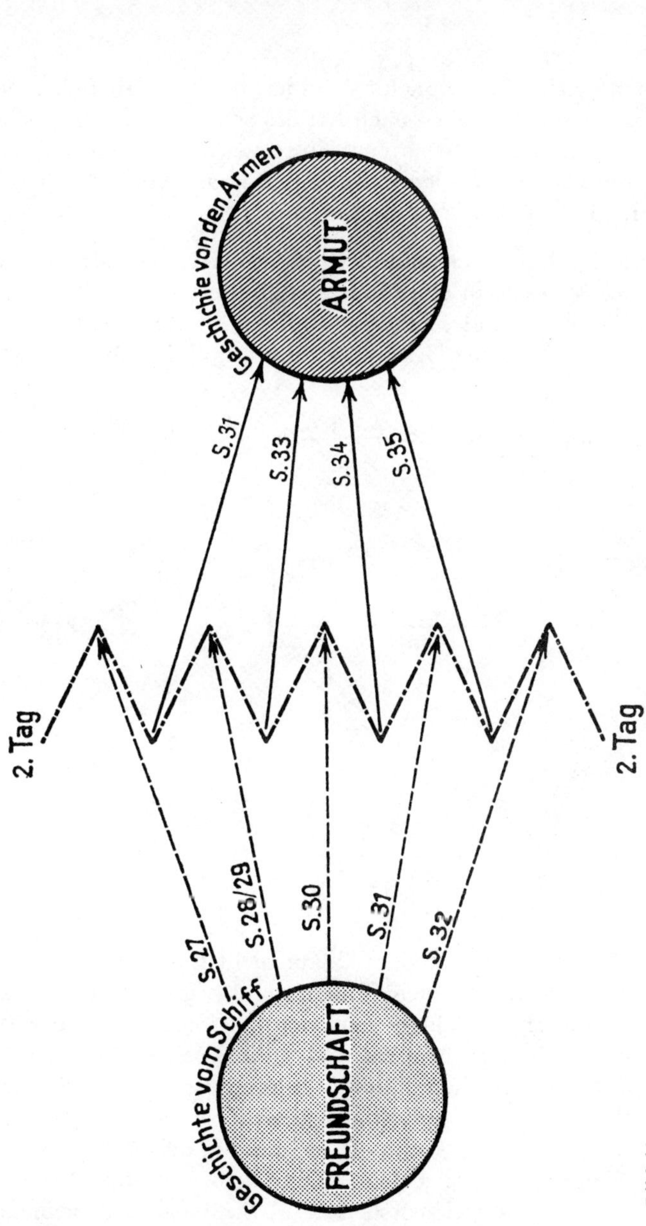
Geschichte von den Armen
ARMUT
S. 31
S. 33
S. 34
S. 35
2. Tag
2. Tag
Geschichte vom Schiff
FREUNDSCHAFT
S. 27
S. 28/29
S. 30
S. 31
S. 32

Bild 12

Personen betrifft. Es empfiehlt sich hier, bei der graphischen Verdeutlichung mit Modellen nach Art des Soziogramms zu arbeiten. Auch für manche Oberstufenlektüre wird sich ein ähnliches Verfahren noch empfehlen, etwa für Thomas Manns *Buddenbrooks* oder Heinrich Bölls *Billard um halbzehn.*

a) Diese Zeichnung entstand zu Beginn der Beschäftigung mit *Kleider machen Leute* in einer 8. Klasse (Untertertia) (Bild 13). Sie gibt Schauplätze und Personen wieder. Zwischen Seldwyla und Goldach spielt sich die Geschichte ab, und die Rivalität zwischen

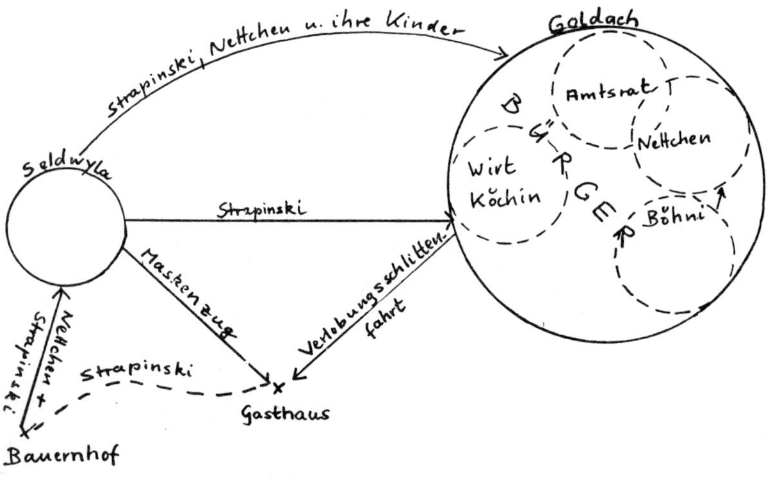

Bild 13

den beiden Orten ist für den Ablauf nicht unwichtig. Strapinski wandert von Seldwyla nach Goldach und begegnet der verhängnisvollen Kutsche. Wichtige Personen in Goldach sind der Wirt und die Köchin, der Amtsrat und seine Tochter Nettchen, vor allem auch Melchior Böhni, dessen Interesse an Nettchen manches ins Rollen bringt. Von Goldach bewegt sich die Verfolgungsschlittenfahrt auf das Gasthaus zu, das in der Mitte zwischen beiden Orten liegt; zur gleichen Zeit begibt sich der Maskenzug aus Seldwyla zum gleichen Gasthaus. Strapinski irrt schließlich im Schnee umher, wird von Nettchen gefunden und zu einem nahen Bauernhof gefahren. Nach der entscheidenden Aussprache dort begeben sich beide nach Seldwyla, von wo sie erst in späteren Jahren als glückliches, wohlhabendes und kinderreiches Ehepaar nach Goldach zurückkehren. (Die Anfertigung einer solchen Skizze ist für die Schüler eine Rekapitulation des Inhalts, für den Lehrer eine Kontrollmöglichkeit des Verständnisses von seiten der Schüler).

b) Diese Zeichnung (Bild 14) stellt die Beziehungen dar, wie sie sich am Ende der Erzählung *Lasse Lar* ergeben haben: Lasse Lar selber bildet den Bezugspunkt. Die vier Geschwister sind durch die gemeinsame durchgezogene Linie gekennzeichnet. Aber je nach ihrem Alter und ihrer Entwicklungsstufe stehen sie näher

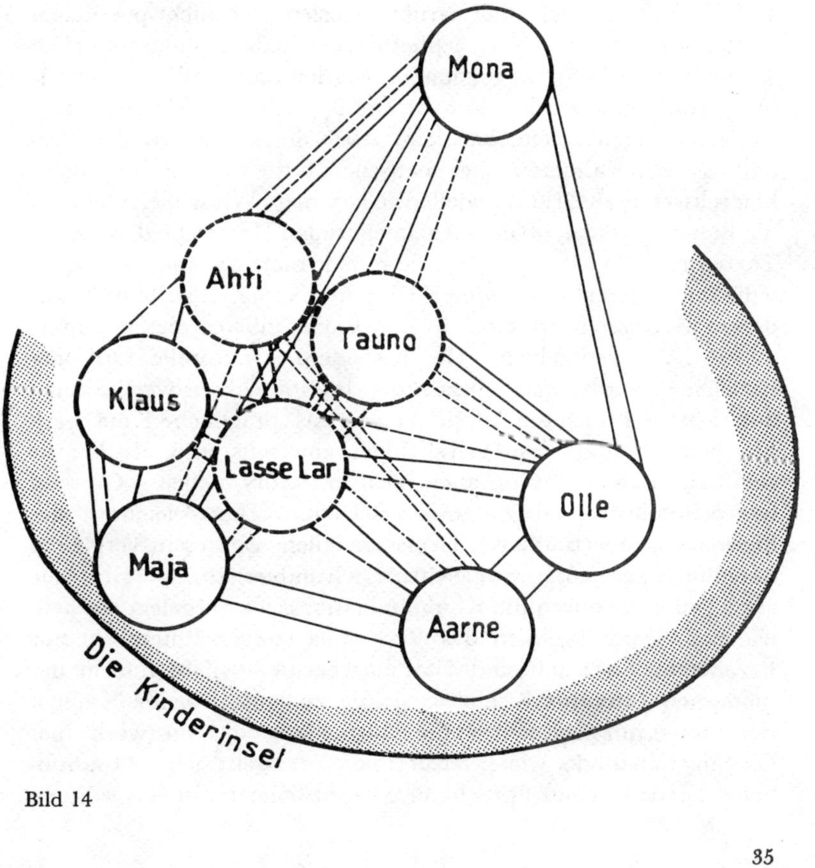

Bild 14

bei Lasse Lar oder weiter weg von ihm; am wenigsten Kontakt mit ihm hat die fast 16jährige Mona, während die kleine Maja ihm am nächsten von allen steht. Die etwa 11–12jährigen Zwillinge Olle und Aarne stehen dazwischen, ebenso wie die beiden Brüder Ahti und Tauno (gestrichelte Linie), die Fischerjungen. Den Kreis vervollständigt Klaus, im Alter und in seiner Beziehung zu Lasse Lar zwischen Maja und den vier übrigen Jungen stehend. Die Fülle der Verstrebungen markiert, wie ein Schüler es ausdrückte: „Wie dicht die Freundschaft ist".

5. Modellgruppe: Modelle zu nicht-poetischen Texten

Wie verhält es sich mit Strukturskizzen bei nicht-poetischen Texten (Sachtexten, Nachrichtentexten, Reden, philosophischen Texten u. ä.)? Wenn angenommen werden darf, daß jede sprachliche Äußerung strukturiert ist, muß auch ein Modell dieser Äußerungsarten zeichenbar sein. Aber doch scheinen die Verhältnisse etwas anders als bei poetischen Texten zu sein. Es scheint hier schwerer, zu Grundmodellen zu kommen. Wir wollen nicht auf die Frage eingehen, ob es einen kategorialen Unterschied zwischen Texten mit ‚Kunstanspruch', wie immer man das auch verstehen will, und Texten mit anderer Kommunikationsabsicht oder anderem Gebrauchwert gibt. In der Praxis gibt es diesen Unterschied noch weitgehend. Die besondere strukturelle Ordnung bezeichnen wir als mögliches Indiz des Sprachkunstwerks, hinzu kommen aber noch die Affinitäten, die das sprachliche Kunstwerk als ‚Nachahmung' zur Wirklichkeit einerseits und als Kunstprodukt zu einer – wenn auch noch so idealtypischen – Gattung der poetischen Tradition andererseits hat. Dies erleichtert das Finden von übertragbaren Grundmodellen, weil es in vergleichbaren Werken auch vergleichbare Grundverhältnisse gibt, die zum Teil auch durch die Kommunikationsart nahegelegt werden, wie z. B. beim Erzählen das Verhältnis von erzählter Zeit zur Erzählzeit. Natürlich sind Gattungsbegriffe – nicht nur in der modernen Literatur – sehr vorsichtig zu handhabende Kategorien, immerhin zeigt sich oft die Möglichkeit, ein Kunstwerk einer Gattung näher oder weiter zuzuordnen, es erweist sich die traditionelle Tendenz eines Sprachkunstwerkes, eine typische Ordnung anzunehmen. Nicht-poetische Texte erscheinen uns dagegen fast ausschließlich von der jeweilig in Rede stehenden Sache, von der Kommunikationsart bzw. von der Sprechabsicht her strukturiert, Grundmodelle ergeben sich kaum. Natürlich täuscht das, aber bisher sind uns typische Strukturen noch kaum bewußt, wohl weil wir uns noch zu wenig darum gekümmert haben. Für eine Gliederung nach der in Rede stehenden Sache, dem behandelten Gegenstand, bieten sich z. B. drei Grundtypen an:

die Definition eines Begriffes,
die Darlegung eines Sachverhaltes,
die Diskussion eines Problems.

Damit ist oftmals schon ein Aufbau-Typus mitgegeben, etwa die Abgrenzung durch gegensätzliche oder verwandte Begriffe, die rhetorische Steigerung, der dialektische Aufbau.
Geht man von der Sprechabsicht aus, muß zunächst der angesprochene Hörer- oder Leserkreis berücksichtigt werden für eine mögliche Kategorisierung des Textes: Es kann sich um Wissenschaftler handeln – oder allgemeiner: Fachleute, um Interessierte, Parteigenossen, Kinder, oder um eine undifferenzierte Menge. Davon werden lexischer Wortbestand eines Textes, Syntax, Aufbau ebenso bestimmt wie von der Absicht, die hinsichtlich des angesprochenen Kreises verfolgt wird: sei es eine informative, appellative, werbende, kritisierende, ironisierende oder einfach unterhaltende. So kann der gleiche Gegenstand für ein wissenschaftliches Forum sich in einer terminologisch festgelegten Weise darstellen lassen, für eine Zeitung etwa in feuilletonistischer Weise. Ob der Aufbau davon ebenfalls tangiert wird, müßte genauer untersucht werden, weil dieser – wie oben dargelegt – mehr durch den Gegenstand bestimmt zu sein scheint als durch die Redeabsicht. Um solche Zusammenhänge aber genauer zu untersuchen und durchsichtiger zu machen, Gesetzmäßigkeiten aufzudecken, ist die Verwendung von Strukturskizzen möglich und dienlich.
Daß die Zwecke und Übermittlungsformen eines Gebrauchstextes zu bestimmten ‚Gattungen' führen, die zum Teil strenger, schablonenhafter gehandhabt werden als poetische Gattungen, zeigen die Strukturen von drei typischen Aufbauformen einer Zeitungs-

nachricht, wie sie Ernst Dovifat nach C. N. Warren, „Modern News Reporting" in seiner Zeitungslehre zitiert.[4]
Die Schwierigkeit, in unserem Zusammenhang zu vergleichbaren Grundmodellen zu kommen, können wir nicht lösen. Wir bescheiden uns, indem wir aus der Fülle der Möglichkeiten einige Ansatzpunkte herausgreifen. Unsere Leitfrage heißt dabei: Was soll am entsprechenden Text beobachtet werden? Vier Absichten sollen exemplarisch gezeigt werden:

1. Aufnahme und Veranschaulichung einer Grundinformation des Textes; die Textstruktur bleibt dabei relativ unberücksichtigt (Rousseau) (Bild 15).
2. Aufdecken der logischen Struktur eines Gedankengangs, um ihn damit kritisierbar zu machen (C. F. v. Weizsäcker) (Bild 16).
3. Untersuchung des Zusammenhangs zwischen rhetorischer Struktur und Sachstruktur in einer Rede (G. Grass) (Bild 17).
4. Aufdecken des manipulativen Umgangs mit Informationen und Meinungen in einem Zeitungstext (J. Kummer) (Bild 18).

1. J. J. Rousseau: *Der Organismus des Staates*[5]

Eine vollständige Analyse dieser Texte liegt nicht in unserer Absicht. Vielmehr geht es uns um die Grundvorstellung, die Rousseau vom Staat hat und die in folgenden Begriffen gefaßt ist: „organischer Körper", „das Lebensprinzip ist das dem Ganzen gemeinsame Ich", „Wechselbeziehung", „Gemeinwille", „Interesse", „Vereinigung", „Sondergesellschaften", „allgemeiner – besonderer Wille", „durchgängige Übereinstimmung des Einzelwillen mit dem Gesamtwillen".
Die Skizze geht von der Unterscheidung von Individuum – Sondergesellschaften (Interessengruppen) – Großgruppe (Staatskörper) aus. Diese Teile sind einander zugeordnet durch das Verhältnis von Einzelwillen und Gemeinwillen, das in der Skizze als Umfunktionierung zentrifugaler Kräfte in zentripetale Kräfte dargestellt wird.

[4] Ernst Dovifat, Zeitungslehre I, Berlin 1967, S. 135f. (= Göschen, Bd. 1039/39a)
[5] Texte in: Die Krisis der Kultur, ausgew. Werke, Stuttgart 1956, S. 236–241 und 254ff.

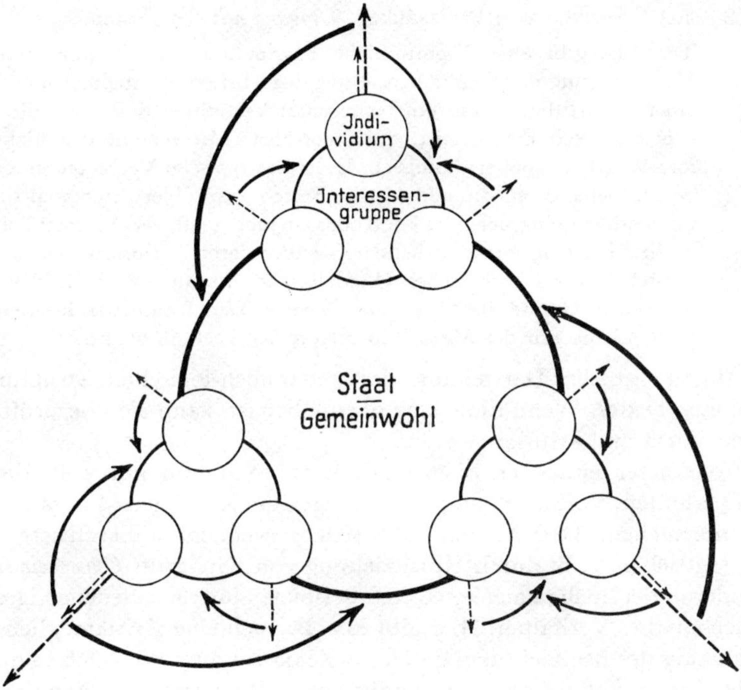

Bild 15

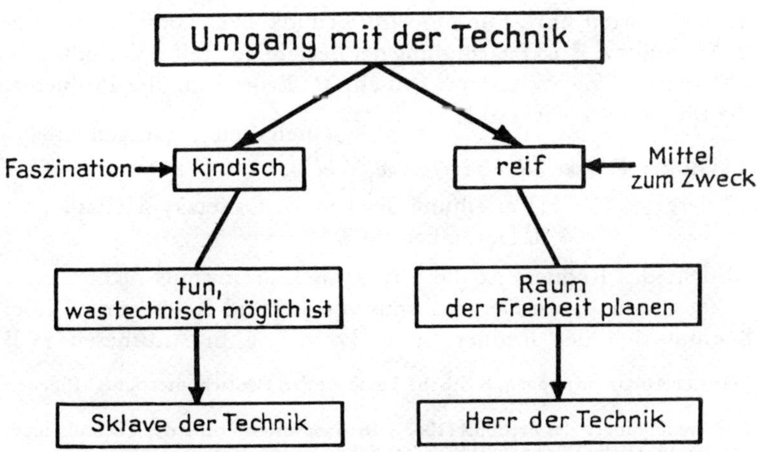

Bild 16

2. Carl Friedrich von Weizsäcker: *Umgang mit der Technik*[6]

Text: Es gibt eine eigentümliche Faszination der Technik, eine Verzauberung der Gemüter, die uns dazu bringt, zu meinen, es sei ein fortschrittliches und ein technisches Verhalten, daß man alles, was technisch möglich ist, auch ausführt. Mir scheint das nicht fortschrittlich, sondern kindisch. Es ist das typische Verhalten einer ersten Generation, die alle Möglichkeiten ausprobiert, nur weil sie neu sind, wie ein spielendes Kind oder ein junger Affe. Wahrscheinlich ist diese Haltung vorübergehend notwendig, damit Technik überhaupt entsteht. Reifes technisches Handeln aber ist anders. Es benutzt technische Geräte als Mittel zum Zweck. Den Raum der Freiheit planen kann nur der Mensch, der Herr der Technik bleibt.

Absicht ist die Darstellung der gedanklich-logischen Struktur dieses Textes. Wenn diese klar darstellbar ist, kann sie überprüft, erweitert und kritisiert werden.
Von dieser einfachen Skizze aus kann man nun gut z. B. die Qualitäten, Voraussetzungen und Folgen der jeweiligen Motivation untersuchen. Das Modell läßt sich anwenden, konkretisieren, vergleichen, z. B. durch Hinzuziehung von Kiphardts *Oppenheimer* oder in der Suche nach konkreten Beispielen für verschiedenartiges technisches Verhalten. Hier gibt es z. B. auch eine Kritikmöglichkeit aus der Beobachtung, daß die Schematisierung Weizsäckers im konkreten Fall oft nicht anwendbar ist. – Die weiteren Abschnitte des Textes, die in dieser Skizze nicht berücksichtigt sind, lassen sich aber gut orten, ihre Funktion im Grundkonzept bestimmen (der 2. Abschnitt z. B. ist Begründung der Beziehung „reifes Verhalten" – „Mittel zum Zweck"; der 3. Abschnitt: Erörterung der Probleme, die im „Zweck" liegen).

3. Günter Grass: *Über das Ja und Nein*
(Verleihung der Carl-v.-Ossietzky-Medaille, 9. Dezember 1968)[7]

Absicht des Redners ist die Kritik an Extremismus rechter oder linker Prägung, am Dogmatismus von Ja- und Neinsagern. Dabei bemüht sich der Redner, diese Positionen in Antithesen (z.B

[6] (Erster Absatz) in: fragen, Kritische Texte für den Deutschunterricht, München 1969, S. 256.
Aus: Bedingungen des Friedens (1963). In: Herausforderung der Technik, hrsg. von Klaus Tuchel, Bremen 1967, Carl Schünemann Verlag.
[7] In: Über das Selbstverständliche, dtv 579, S. 197–207.

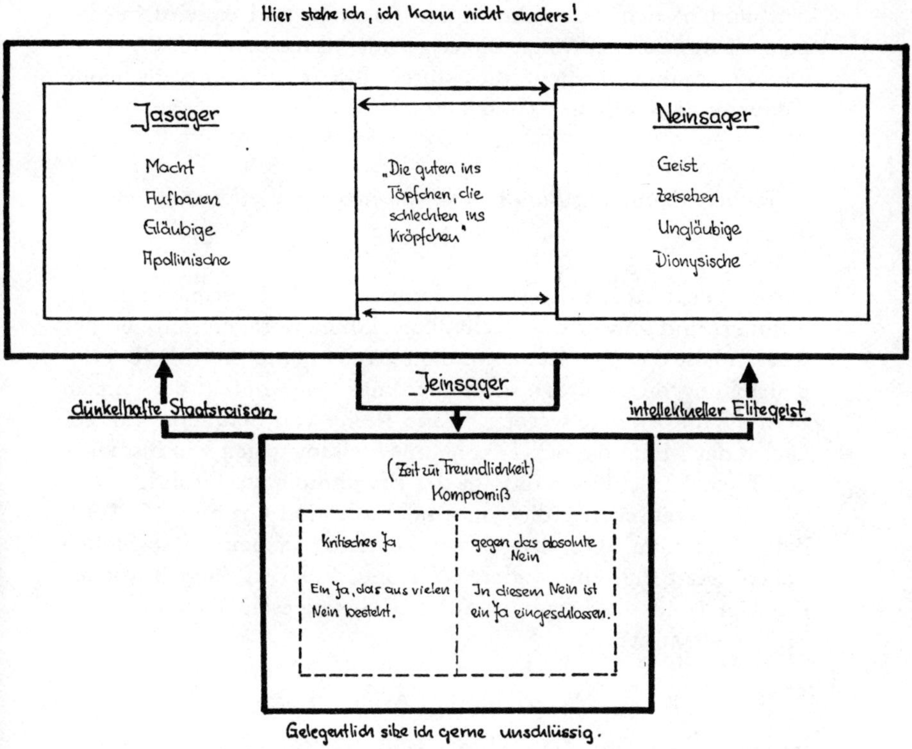

Bild 17

‚Macht' und ‚Geist') zu beschreiben, eindrücklich zu machen, während seine eigene Position als ‚Synthese' nur negativ, als Paradoxon sprachliche Gestalt gewinnt (‚Ein Ja, das aus vielen Nein besteht'). Es stellt sich dabei aber heraus, daß diese dritte Position den Angegriffenen gegenüber selbst zum polaren Gegensatz wird. Das drückt sich in der gegenseitigen Kennzeichnung aus (‚Jeinsager' – ‚dünkelhafte Staatsräson/intellektueller Elitegeist'). Es zeigt sich, daß Antithese und Kontrast als rhetorische Stilmittel auch die Polemik von Grass gegen die Polarisierung bestimmen. Es wäre möglich, daß hier – ohne daß der Autor dies beabsichtigte – die desolate Lage dessen, der einen ‚mittleren Standpunkt' einnehmen will, deutlich wird. Ja- und Neinsager

‚verbünden' sich gegen ihn in der Polemik, und er wird in eine polare Situation gedrängt, die er gerade vermeiden will.
Die Zeichnung versucht dies durch Blöcke und entsprechende Zitate zu verdeutlichen (Bild 17).

4. Jochen Kummer: *Blasen die Linken jetzt zur Treibjagd auf die Reichen?*[8] (Bild 18)

Dieser Text manipuliert Meinungen und Informationen so raffiniert und schwer durchschaubar, daß man fragen muß, ob der Autor nicht das Gegenteil von dem erreicht, was er will. (Bei der Beurteilung dieser Frage muß allerdings der Kontext der ganzen Zeitung mitbedacht werden.) Eine Reihe von Schülern war zunächst der Meinung, der Text nehme Stellung gegen von Bismarck und Flick. Sie schlossen das aus der Erwähnung des Grundgesetzes und der drastischen Fälle von Underberg und Grundig (I. Teil). Betrachtet man aber den Zusammenhang, in dem diese Stellen stehen, zeigt sich eine andere Wertung. Für den Angriff auf die Reichen (und die Berufung auf das Grundgesetz!) werden zwei Motive genannt:

1. ‚Vormarsch des Sozialismus' (rot),
2. ‚Neid der ‚Armen' (blau)

Die Skizze a) versucht die Beleuchtung der benützten Fakten darzustellen. Dabei setzen wir die drei Teile in Blöcke um, die nochmals die Argumentationszusammenhänge durch nebeneinandergestellte bzw. eingeschlossene Blöcke darstellen. In Teil I werden zunächst die beiden Grundmotive genannt (‚Sozialismus' und ‚Neid'), wobei die weiteren Informationen dieses Teils offensichtlich in den Zusammenhang mit ‚Neid' geraten. Der II. Teil bringt Informationen über den Fall ‚Sachsenwald'; der aber wird nicht direkt dargestellt, sondern als Übernahme einer ‚gewissen Presse', deren Motive dabei ironisch aufgedeckt werden. Es wird schließlich so dargestellt, als diene alles dies der SPD, d.h. dem Sozialismus. Das Motiv ‚Neid' erscheint hier abgewandelt in ‚Todsünde der Freizeitarmee', wobei behauptet wird, den sozialistischen Tendenzen komme dieser Bürgerneid gerade recht zur

[8] „Die Welt am Sonntag", Ausgabe S, Nr. 30, 26. Juli 1970, S. 7.

Erreichung ihres Ziels. Ihr Ziel aber ist, wie das Zitat gegen Ende des Abschnitts sagt, ‚Kommunismus'.
Der dritte Teil verfährt ähnlich. Der Angriff auf Finck wird sofort als ‚Sozialismus' identifiziert. Nun könnte ja das noch ein diskutables Ziel sein; das Schlußzitat aber räumt hier alle Argumente aus mit der Feststellung, Sozialismus sei keine ‚Zwangsläufigkeit einer gesellschaftlichen Entwicklung', sondern ‚Neid der Deutschen'.
Man kann nun diese Argumentation vereinfacht darstellen (Skizze b): Im I. Teil stehen ‚Sozialismus' und ‚Neid' gleichwertig als Motive des Geschehens nebeneinander. Der II. Teil scheint dem Sozialismus, der den Neid nur zu seinen Zwecken ausnützt, übergeordnet. Der III. Teil rückt das Problem wieder ‚zurecht', indem ‚Sozialismus' als eine Form des ‚Neids der Deutschen' entlarvt wird.

Text:

Blasen die Linken jetzt zur Treibjagd auf die Reichen?

Waidmann Otto Fürst von Bismarck wittert eine Treibjagd: „Die Hetze der Linken gegen die Reichen entwickelt sich zu einer konzertierten Aktion." Der Enkel des „Eisernen Kanzlers", Exdiplomat und ehemaliger CDU-Bundestagsabgeordneter fürchtet „das Schlimmste": „Der Sozialismus befindet sich auf dem Vormarsch."
Verschwörer der „konzertierten Aktion" im Bismarckschen Sinne: Bundesfinanzminister Alex Möller „mit seiner Steuerpolitik", eine „gewisse Presse" und überhaupt: „Durch die SPD/FDP-Regierung wird die sozialistische Tendenz forciert."
Tatsächlich hat sich das Klima für die Reichen in der Republik verändert. Ihr Besitz wird ihnen nicht mehr uneingeschränkt gegönnt; die Masse der Arbeitnehmer glaubt einen größeren Anspruch auf das Volksvermögen zu haben. Anstelle von Bewunderung für Reiche ist oft Neid getreten. War es in den Jahren nach Krieg und Währungsreform das höchste Ziel der meisten Armen, es den Reichen nachzuahmen, so scheinen sich heute immer mehr Menschen darauf zu konzentrieren, die Reichen ärmer zu machen. Reich sein gilt nicht mehr als Tugend, sondern als Makel.
Im Zentrum der Kritik: die Großgrundbesitzer. Schon werden Töne laut, wie sie in Westdeutschland seit der alliierten Bodenreform zur „Entmachtung der Junker" nach dem Krieg nicht mehr erklangen.
Schon kündigte ein prominenter Sozialdemokrat, Frankfurts neuer Oberbürgermeister Walter Möller, öffentlich an: Es ist klar, daß „Eigentum an Grund und Boden in Ballungsgebieten nicht haltbar sein wird".

Schon werden fast vergessene, aber geltende Artikel des bundesdeutschen Grundgesetzes zitiert:

- Artikel 14, Absatz 2: „Eigentum verpflichtet. Sein Gebrauch soll zugleich dem Wohle der Allgemeinheit dienen."
- Absatz 3: „Eine Enteignung ist nur zum Wohle der Allgemeinheit zulässig ..."
- Artikel 15 (Sozialisierung): „Grund und Boden, Naturschätze und Produktionsmittel können zum Zwecke der Vergesellschaftung ... in Gemeineigentum oder in andere Formen der Gemeinwirtschaft überführt werden ..."

Vor acht Jahren konnte es sich Magenbitterkönig Carl Underberg (74) leisten, mit einer Reitpeitsche vier Spaziergänger zu vertreiben, die einen Schul- und Kirchweg durch sein Gutsgelände Schwärzenbach (Tegernsee) benutzten. Gericht (Urteil 1965) und Öffentlichkeit ließen es damals bei zweitausend Mark Geldstrafe für den Millionär wegen Nötigung bewenden.
Heute würde ein solcher Vorfall ungleich höhere Wellen schlagen. Als im Januar 1970 Radiokönig Max Grundig (62) einen Fußweg mit Maschendraht versperrte, um Spaziergängern den Blick auf sein Schloßgut Hohenburg (Bayern) zu verwehren („Ich kann meinen Weg auf meinem Grund sperren, wann und wie ich will.") wurde er von Landespolizei und Landratsamt Bad Tölz belehrt: „Der Weg ist öffentlich." Grundig mußte den Zaun wieder abreißen.

Todsünde gegen Freizeitarmee

Und nur ein halbes Jahr später hat das Tun von zwei anderen Großgrundbesitzern öffentlichen Zorn entfacht und die Flamme des Klassenkampfes geschürt: Der eine wohnt im Norden, der andere im Süden der Bundesrepublik; beide sind sie über Siebzig: Otto Fürst von Bismarck (72) aus dem Sachsenwald bei Hamburg und Bankier August von Finck (71), „August der Reiche" genannt, aus München.
Beide Fälle wurden zunächst von der „gewissen Presse" (Bismarck) angewärmt.
Im „stern" der Millionäre Jahr und Bucerius vom 15. März 1970 wurde das Vermögen des Fürsten Bismarck auf vier Milliarden Mark, der Sachsenwald „nach Ansicht von Fachleuten" allein auf drei Milliarden Mark geschätzt; offensichtlich hatten die „Fachleute" für den unter Naturschutz stehenden Sachsenwald (siebzig Quadratkilometer) Baulandpreise des Hamburger Stadtgebietes berechnet.
Im „Spiegel" des Millionärs Augstein vom 18. Mai wurde das Vermögen des „Fossils der Großbourgeoisie mit Kleinadelsprädikat", August von

Finck, ebenfalls – wenngleich fundierter – auf drei bis vier Milliarden taxiert: Das Bankhaus Merck, Finck & Co. in München, zwanzig Millionen Quadratmeter Land an der Münchner Peripherie, ein See im Isar-Hochtal.

Wenig später gerieten die beiden so als Schießbudenfiguren aufgebauten Großgrundbesitzer prompt ins Kreuzfeuer sozialdemokratischer Parteifunktionäre. Hamburgs SPD-Landesvorsitzender Oswald Paulig, Boß der deutschen Konsumgenossenschaften, forderte im Hamburger Parlament: Der Sachsenwald, den 1871 ein dankbarer Kaiser Wilhelm I dem Reichsgründer Bismarck geschenkt hatte, solle „an das deutsche Volk" zurückgegeben werden.

Im Bayerischen Landtag wurde auf Betreiben derselben Partei ein parlamentarischer Untersuchungsausschuß eingesetzt. Verdacht: Wurde August von Finck nach dem Krieg bei Entschädigung seiner Bodenreform-Landabgaben um Millionen begünstigt?

Die SPD baut darauf, daß der Kampf gegen die beiden Großgrundbesitzer populär ist. Denn beide hatten sich – abgesehen von ihrem Geld – der neudeutschen Todsünde schuldig gemacht: Sie hatten sich mit den Bataillonen der bundesrepublikanischen Freizeitarmee angelegt.

Bismarck hatte einen Teil seines Forstes (achthundert Hektar) als Wildgehege abgezäunt und damit für Sachsenwaldläufer (1969 rund drei Millionen) gesperrt. Der Fürst, zu dessen blaublütigen Jagdgästen mal der Herzog von Windsor, mal Holland-Prinz Claus gehören, kann über die SPD-Forderung, Schleswig-Holsteins größten Waldbesitz in Volksbesitz zu nehmen, nur müde lächeln: „Enteignung – das wäre Kommunismus."

Bismarcks Argument gegen die Verstaatlichung: „Die staatlichen Forsten arbeiten in roten Zahlen, weil sie überbürokratisiert sind und nicht wirtschaftlich denken. Mein Sachsenwald aber wirft Gewinn ab."

Was den Bismarcks ihr Sachsenwald bei Hamburg, ist dem Finck sein Barmsee in Bayern.

Das ist purer Neid der Deutschen

Unter der Parole „Seeufer für Millionen, nicht für Millionäre" stürmen am 11. Juli dreihundert badehungrige Demonstranten den gesperrten Barmsee. Eigentümer dieser dreiundfünfzig Hektar großen Wasserfläche und ... der umgebenden Grundstücke: Finck.

Die Demonstranten pochten auf Artikel 141, Absatz 3 der Bayerischen Verfassung: „... Staat und Gemeinde sind verpflichtet, der Allgemeinheit die Zugänge ... zu Seen ... freizuhalten und allenfalls durch Einschränkungen des Eigentumsrechts freizumachen." Polizisten („Ich würde auch gerne mal Platz haben zum Baden") vertrieben die Wassertreter nur zögernd.

Mitarbeiter des schweigsamen Geldmachers im Süden analysieren ähnlich wie der Fürst im Norden: „Man klagt über August von Finck, meint aber in Wirklichkeit die Umwandlung des heutigen Eigentumsbegriffs in einen sozialistischen."

Die offensichtlich wachsende Lust der Deutschen, die Reichen aufs Korn zu nehmen, sieht Otto von Bismarck „erst als Anfang": Als Zwangsläufigkeit einer gesellschaftlichen Entwicklung mag er sie nicht verstehen: „Den Deutschen geht es doch so gut wie nie. Es ist der pure Neid der Deutschen. Schon der römische Dichter Ovid berichtete vor zweitausend Jahren davon.

Jochen Kummer

Kapitel II

BEISPIELE VERSCHIEDENARTIGER STRUKTURSKIZZEN

Das achte Bild von B. Brechts „Der gute Mensch von Sezuan"

Das achte Bild von Bertolt Brechts *Der gute Mensch von Sezuan* ist eine selbständige und geschlossene dramatische Einheit, von der übrigen Handlung relativ isolierbar. Innerhalb der Geschichte Shen Tes/Shui Tas bringt es keinen Fortschritt, ist vielmehr Exkurs, der eine Nebenfigur, Yang Sun, in den Mittelpunkt stellt. Charakteristisch für diese Szene ist das Neben- und Miteinander epischer, dramatischer und lyrischer Bauelemente. Das achte Bild kann als exemplarisch für die Brechtsche Dramengestalt gelten. Seine dramatische Struktur – Andrzej Wirth nennt sie die ‚stereometrische Struktur'[1] – wollen wir uns mit Hilfe graphischer Darstellungen erarbeiten.

Die epischen Teile sollen von den dramatischen und lyrischen deutlich in der Zeichnung abgesetzt werden, zugleich aber sollen die Bezüge der Teile zueinander im optischen Medium sichtbar werden. Die Szene enthält, deutlich durch epische Teile gegliedert, vier dramatische Einheiten, deren erste als Einleitung der Handlung dient; die drei anderen zeigen drei ‚Entwicklungsstadien' Suns auf seinem Weg zu einem ‚guten Menschen'. (1. Sun zeigt seinen guten Willen; 2. Sun beweist seine Ehrlichkeit; 3. Sun als Aufseher.) In der zeichnerischen Umsetzung wählen wir für jede Einheit ein Rechteck, setzen die Einleitung (E) deutlich ab, ordnen die drei Stadien in der Reihenfolge von oben nach unten an (Bild 19). Natürlich ist auch eine andere Anordnung möglich (z.B. nebeneinander); wir haben uns aber für diese entschieden, da so die Beziehungen zu den anderen Teilen der Szene dann deutlicher gekennzeichnet werden können. Jedes Rechteck erhält eine ‚Inschrift', die kurz das Geschehen andeutet.

[1] Andrzej Wirth, Über die stereometrische Struktur der Brechtschen Stücke, in: Episches Theater, hrsg. v. Reinhold Grimm. Neue wissenschaftliche Bibliothek, Lit.wiss., Köln–Berlin, S. 197–230.

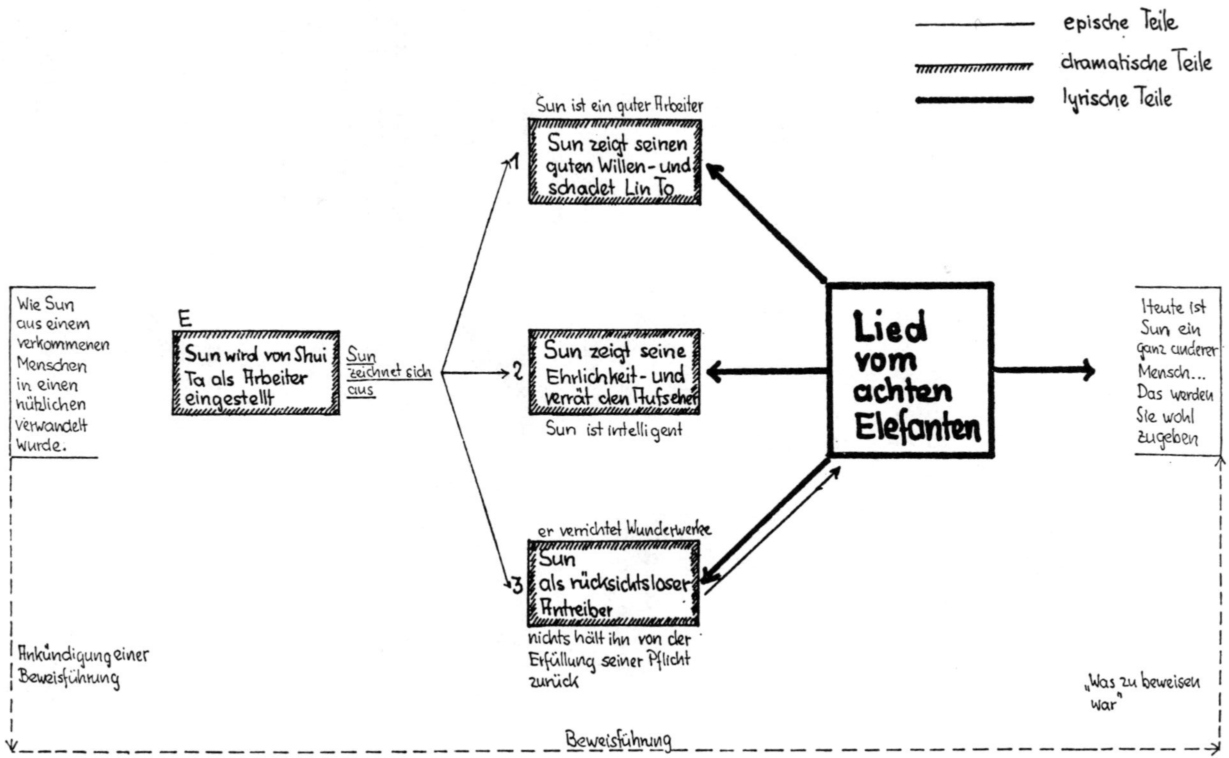

epische Teile
dramatische Teile
lyrische Teile
Wie Sun aus einem verkommenen Menschen in einen nützlichen verwandelt wurde.
E
Sun wird von Shui Ta als Arbeiter eingestellt
Sun zeichnet sich aus
Sun ist ein guter Arbeiter
1
Sun zeigt seinen guten Willen - und schadet Lin To
2
Sun zeigt seine Ehrlichkeit - und verrät den Aufseher
Sun ist intelligent
er verrichtet Wunderwerke
3
Sun als rücksichtsloser Antreiber
nichts hält ihn von der Erfüllung seiner Pflicht zurück
Lied vom achten Elefanten
Heute ist Sun ein ganz anderer Mensch... Das werden Sie wohl zugeben
Ankündigung einer Beweisführung
„Was zu beweisen war"
Beweisführung

Bild 19

Diese dramatischen Einheiten sind aber Rückblenden in einer Erzählung der Frau Yang, stehen also zu ihr in der Beziehung der ‚erzählten Zeit' zur ‚Erzählzeit'. Frau Yang führt die dramatischen Einheiten erzählend ein und kommentiert sie. (Die Folge dieser epischen Teile zu den dramatischen ist nicht ganz regelmäßig, in der Skizze muß hier um der Übersichtlichkeit willen etwas vereinfacht werden.) Zur graphischen Gestaltung wählen wir kontrastierende Strichführungen, rahmen aber nicht ein, sondern setzen nur die signifikanten Wörter vor oder hinter die entsprechende dramatische Stelle, um zu zeigen, daß es sich dabei nicht in gleicher Weise wie bei den dramatischen Teilen um relativ geschlossene Einheiten handelt, daß diese vielmehr offen sind. Ausnahme: Die das achte Bild einführenden und abschließenden Stellen werden von drei Seiten eingerahmt, die vierte Seite, zum Zentrum des Blattes weisend, bleibt offen und wird mit Pfeilen versehen. So wird deutlich, daß diese beiden Teile miteinander in Beziehung stehen. Schon im Wortlaut ist dieser Bezug enthalten. Der Anfang kündet die Demonstration eines Vorgangs an „wie Sun ... aus einem verkommenen Menschen in einen nützlichen verwandelt wurde". Der Schluß ist dann das ‚quod erat demonstrandum' dazu. Zwischen dem dramatischen Einleitungsteil und den drei Stationen nennt Frau Yang nochmals das Thema, um das es ihr geht und das die folgenden Szenen gemeinsam haben: Sun zeichnet sich aus. Diese Wörter werden deshalb in der Skizze unterstrichen.
In der Graphik fehlt nun noch das *Lied vom achten Elefanten.* Wiederum wählen wir eine charakteristische Strichführung und zeichnen dieses lyrische Stück als Quadrat hinter die dramatischen Teile, diesmal aber mit doppelter Begrenzung, um die größere Geschlossenheit und Eigenwertigkeit zu zeigen. Dieses Lied ‚geschieht' innerhalb der erzählten Zeit; dies deutet der Pfeil, der vom dritten Rechteck zum Quadrat führt, an. Psychologisch ist dieses Lied aber auf der Ebene der erzählten Zeit völlig unwahrscheinlich, die handelnden Personen treten aus ihrer bisherigen Lage in eine höhere, von der aus sie über sich und ihre Situation reflektieren können. Das Lied als Parabel spiegelt die Vorgänge in Shui Tas Fabrik in einem anderen Bereich und interpretiert damit epische wie dramatische Teile. A. Wirth nennt dies das „Prinzip der Vielsichtigkeit"[2] im Brechtschen Drama.

[2] A. Wirth, a.a.O., S. 217f.

Damit ist unsere erste Skizze vollendet. Vergewissern wir uns ihrer nochmals. Was zeigt sie uns? – Die Graphik ist eine übersichtliche Gliederung der Szene, die über eine schriftliche Gliederung hinaus optisch die Geschehensrichtungen, Entwicklungen und Bezüge verdeutlicht. Sie trennt überdies die von Brecht im achten Bild kunstvoll verwobenen epischen, dramatischen und lyrischen Elemente und vereinfacht damit die Untersuchung der Beziehungen dieser Teile zueinander. Anhand dieser Graphik kann man sich und den Schülern modellhaft die Struktur der Brechtschen Dramentechnik verdeutlichen.

In welchem Verhältnis steht die Zeichnung zur Interpretation der Szene? – Zu einem Teil ist sie bereits Ergebnis von Interpretation, ist aber die Interpretation noch nicht ganz. Vielmehr muß nun mit Hilfe der Skizze am Text weiterinterpretiert werden. Vor allem ist noch die Qualität der Bezüge zu analysieren, die graphisch nur konstatiert, aufgewiesen wurden; z. B. das dialektisch-ironische Verhältnis der Aussagen der Frau Yang zu der in den dramatischen Teilen ablaufenden Handlung.

Allerdings hat diese Zeichnung auch einige Mängel. So z. B. kommt die zentrale, alles zusammenfassende Stellung des Liedes nicht genug heraus. Und noch schwerwiegender: Es fehlt in der Zeichnung eine äußerst wichtige, wenn nicht die wichtigste Instanz, das Publikum, das ja von Frau Yang direkt angesprochen und damit zur Stellungnahme herausgefordert ist („das werden Sie wohl zugeben!“). Um diese komplexen, mehrdimensionalen Verhältnisse zeichnen zu können, müssen wir allerdings zu einer völlig anderen, stereometrischen Darstellungsweise greifen (Bild 20). Wir wählen das Kegelmodell. Spitze des Kegels (den wir aus weiter unten einsichtig werdenden Gründen auf den Kopf stellen) ist der Zuschauer als der Kulminationspunkt, bei dem sich alle Informationen treffen, der Kommentar der Frau Yang, die dramatischen Ereignisse und der Parabelsong. Der Zuschauer besitzt darüber hinaus noch Informationen aus den übrigen Bildern des Stückes und aus seiner eigenen Umwelt. Zur Verdeutlichung sei A. Wirth zitiert: „Der erkenntnistheoretische Wert des Stückes vergrößert sich durch die Gegenüberstellung des Kommentars mit den Ereignissen... Die Sprache der Tatsachen veranlaßt den Leser, an der Richtigkeit des Kommentars zu zweifeln, die Fakten zu kommentieren, zu kommentieren in einem Geist, der ihrem wirklichen Sinn entspricht... Das ist ein ... Beispiel, das zeigt, wie Brecht die Autorenkritik der Gestalten versteht, denn in der Gegenüberstellung des Ereignisses mit der Ansicht über das Ereignis ist implizite die Einschätzung der Mentalität der Frau Yang enthalten."[3]

Bei der Unterscheidung der Elemente interessiert uns nicht mehr die Gliederung und Reihenfolge epischer, dramatischer und lyrischer Teile, sondern nur noch ihre grundsätzliche Zuordnung. In den kontrastierenden Farben ordnen wir die Elemente als konzentrische Ringe auf dem Kegelboden an. Die Graphik sieht dann aus wie drei ineinander geschobene Kegel mit gemeinsamer Spitze, Achsenrichtung und Höhe. Ihre Grundkreise liegen in einer Ebene, haben aber verschiedenen Radius. Die Mantellinien zur Spitze stellen die Informationen dar, die zum Zuschauer gelangen. Die gemeinsame Ebene der Grundkreise ist die Bühne. Die Kegel stehen in direkter Beziehung zueinander (Pfeile auf der Grundkreisebene). Das Hauptthema des achten Bildes ist der ‚gute, nützliche Mensch'. Damit ordnet sich diese Szene aber in den Gesamtaufbau des ganzen Stückes unter veränderter Wertungsperspektive. Szene und Stück interpretieren einander. Diese Interpretation muß im Zuschauer als dem ‚Reflexionszentrum' geleistet werden. Dies können wir in der Graphik zeigen, indem wir einen weiteren Kegel mit der gleichen Spitze und Achsrichtung, aber größerer Höhe und größerem Radius zeichnen (gelb). Nun ist aber dieser Zuschauer der gleiche, der dann im Epilog aufgefordert wird, selbst den ‚guten Menschen' zu suchen. Wo zu suchen? Natürlich in seiner eigenen Welt, in der Wirklichkeit. Der Zuschauer ist damit nicht nur Spitze der Kegelkonstruktion, die die Informationen des Stückes bilden, sondern gleichzeitig Spitze eines anderen Kegels, der die Informationen aus der wirklichen Welt des Zuschauers enthält. Der Zuschauer erfährt die im Stück dargestellten Verhältnisse als Abbilder der wirklichen Verhältnisse. Wir zeichnen also einen weiteren Kegel, diesmal aufrecht, der die Wirklichkeit des Zuschauers darstellt (schwarz; aus Raumgründen muß dieser Kegel verkürzt werden). Es wird nun auch deutlich, warum wir die Kegel des Stückes auf den Kopf gestellt haben, sie sind ja Spiegelungen der Wirklichkeit.

Vergewissern wir uns wieder: Was leistet diese Graphik? Sie gibt

[3] A. Wirth a.a.O., S. 220.

nur noch mittelbar die individuellen Eigenheiten des achten Bildes wieder; vielmehr löst sie die für Brecht typischen Konstellationen heraus und versucht ein Grundmodell zu gestalten, an dem sich die Brechtsche Dramentheorie demonstrieren läßt (bei Bild 19 war es die Dramentechnik, die verdeutlicht werden sollte).
Die beiden beschriebenen Graphiken sind unter ganz spezifischer Perspektive gefunden worden: Die achte Szene von Brechts *Der gute Mensch von Sezuan* sollte das exemplarische Beispiel sein, mit Hilfe dessen Schüler in die Struktur und Theorie des Brechtschen Stückes eingeführt werden sollten. Natürlich sind auch andere Perspektiven, diese Szene zu betrachten, möglich. Unter anderer Perspektive werden sich dann völlig andersartige Skizzen ergeben können. Aber auch unter gleicher Perspektive wird nicht jeder zum gleichen Ergebnis kommen. Die Möglichkeiten der graphischen Umsetzungen sind nahezu unbeschränkt.
Nicht jeder wird mit der von uns vorgeschlagenen Lösung einverstanden sein. Auch Schüler kritisieren immer wieder, daß sich Modell und Sache in manchen Fällen nicht decken, daß manche Eigenheit des Textes in der Graphik unberücksichtigt bleiben muß. Eine solche Kritik muß immer zugestanden werden. Sie ist allerdings kein so grundsätzlicher Einwand, daß er das Verfahren als solches in Frage stellen könnte. Denn wir fassen unsere Strukturskizzen ausdrücklich als Diskussionsmodelle auf, deren Aufgabe nicht ist, einen Text exakt widerzuspiegeln, sondern das Gespräch über den Text zu systematisieren und kontrollierbar zu machen. Die Skizze hat also nur dienende Funktion und wird sich im Verlauf des Gesprächs je nach dem jeweiligen Erkenntnisstand zu wandeln oder gar ausgedient haben.
Man kann solche Strukturskizzen durchaus mit den Modellen der Naturwissenschaften vergleichen. Jedem Physiker ist evident, daß das Lichtmodell etwas anderes ist als das Licht selber. Es dient ebenso nur zur Beschreibung von Phänomenen wie die Strukturskizze eines Textes. Der Gegenstand, sei er nun in der Natur oder in der Literatur vorhanden, ist mit seinem Modell nicht identisch. Außerdem ist ein Modell immer vorläufig, es erhebt nicht den Anspruch auf Endgültigkeit. Ebenfalls aus den Naturwissenschaften wird deutlich, daß ein Modell allein oft nicht ausreicht, um ein Phänomen zu beschreiben. Das Licht wird eben mit der Wellentheorie allein nicht hinreichend beschrieben. So ist

es durchaus möglich, für ein und dasselbe Phänomen zwei oder drei verschiedene Modelle zu finden.
Es gäbe hier auch einen Ansatzpunkt für ein Gespräch zwischen den Disziplinen. Einem Physiker wird man mit dem Modellbegriff nichts Fremdes zumuten, er wird manches nicht mehr als ‚Geschwätz' abtun, was der Philologe leistet. Im übrigen muß man feststellen – betrachtet man moderne Geschichts-, Sozialkunde- oder Geographiebücher für den Unterricht –, daß hier die Struktur- oder Schemaskizze schon zur Selbstverständlichkeit geworden ist. Natürlich wird sie auch gelegentlich im Deutschunterricht bei der Interpretation gebraucht, aber etwas verschämt, mit nicht ganz reinem Gewissen, vielleicht weil man doch glaubt, sich dabei an dem quasi geheiligten Bestand des Kunstwerkes vergriffen zu haben. So ist es bisher leider noch nicht zu einer erkenntnistheoretischen wie didaktisch-methodischen Fundierung der Möglichkeiten der Strukturskizze als Hilfe zur Interpretation gekommen.[4]

Drei Skizzen zu Sophokles' „Antigone"

1. Die Beziehungen der Hauptpersonen (Bild 21)

Diese Skizze ist nach Art eines Soziogramms gestaltet, will aber gleichzeitig die Qualität der Beziehungen andeuten. Antigone und Kreon sind die Gegner. Verwandtschaftlich ist jedem der Gegner eine Person zugeordnet: Antigone–Ismene, Kreon–Haimon. Diese zugehörige Person argumentiert aber jeweils von der Gegenseite her. Ismene hat sich dem System Kreons untergeordnet (deshalb die dünne, durchgezogene Linie), Haimon steht auf Antigones Seite (dünne, breitgestrichelte Linie). Als neutrale Instanz fungiert der Chor, auf den sowohl Kreon als auch Antigone einwirken wollen, der selbst auch immer vermittelnd eingreift (dünne, enggestrichelte Linie). Teiresias greift als Bote einer außerhalb liegenden Instanz, der Götter, in das Geschehen ein.

[4] Einige Skizzen finden sich z. B. bei Franz-Josef Thiemermann, Kurzgeschichten im Deutschunterricht, Bochum o. J. (= Kamps pädagogische Taschenbücher Nr. 32).
Die einzige Arbeit zur Methode, die wir finden konnten, ist der Aufsatz von Reinhard Roche, „Skizzen als Interpretationshilfen", in: Der Deutschunterricht 1965, Heft 3. Roche spricht jedoch von „Faustskizzen", und trotz gegenteiliger Beteuerungen geben seine abgedruckten Beispiele nur inhaltliche Textzusammenhänge wieder. Seine gelegentlich guten Ansätze baut er nicht konsequent aus. Vor allem fehlt eine erkenntnistheoretische Begründung.

2. Aufbau, Schicksal Antigones und Kreons (Bild 22)

Die Schüler nennen diese häufig gebrauchte Methode „Fieberkurve"; das Auf bedeutet positive Schicksalswendung, das Ab negative. Es zeigt sich, daß Antigones Weg fast von Anfang an abwärts führt. Sie ist sich dessen auch bewußt. Zwei mögliche Wendungen (Eingreifen Haimons und Teiresias, als unterbrochener Pfeil nach oben) bleiben ohne Erfolg. Anders scheint Kreons Schicksal auf gleicher Höhe zu bleiben (einige Schüler schlugen sogar eine Aufwärtsbewegung vor, da Kreon sich ja durchsetzt), in Wahrheit trägt auch er den Kern der Katastrophe in sich (zweite, dünner gezeichnete Linie). Auch die späte Einsicht hilft da nichts mehr. Sie läßt den Fall nur noch tiefer wirken.

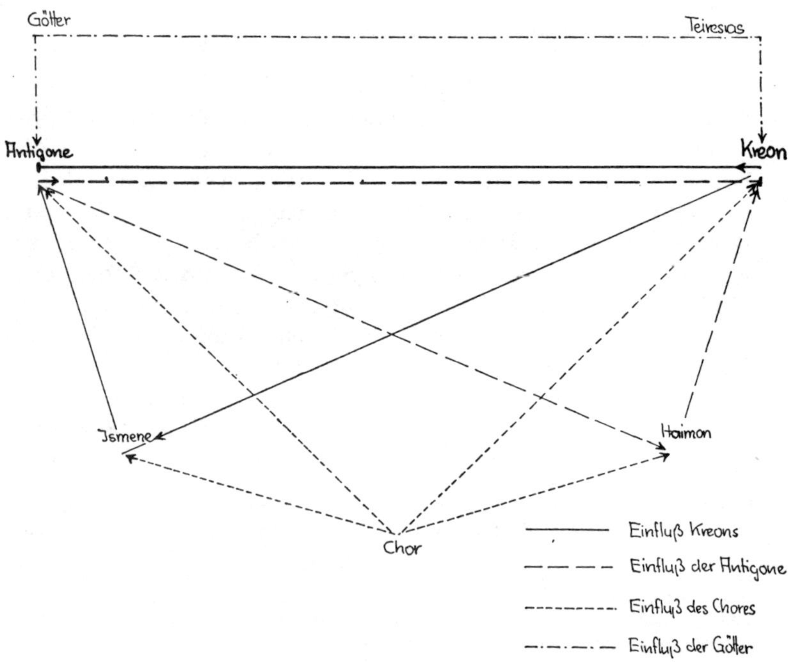

Bild 21

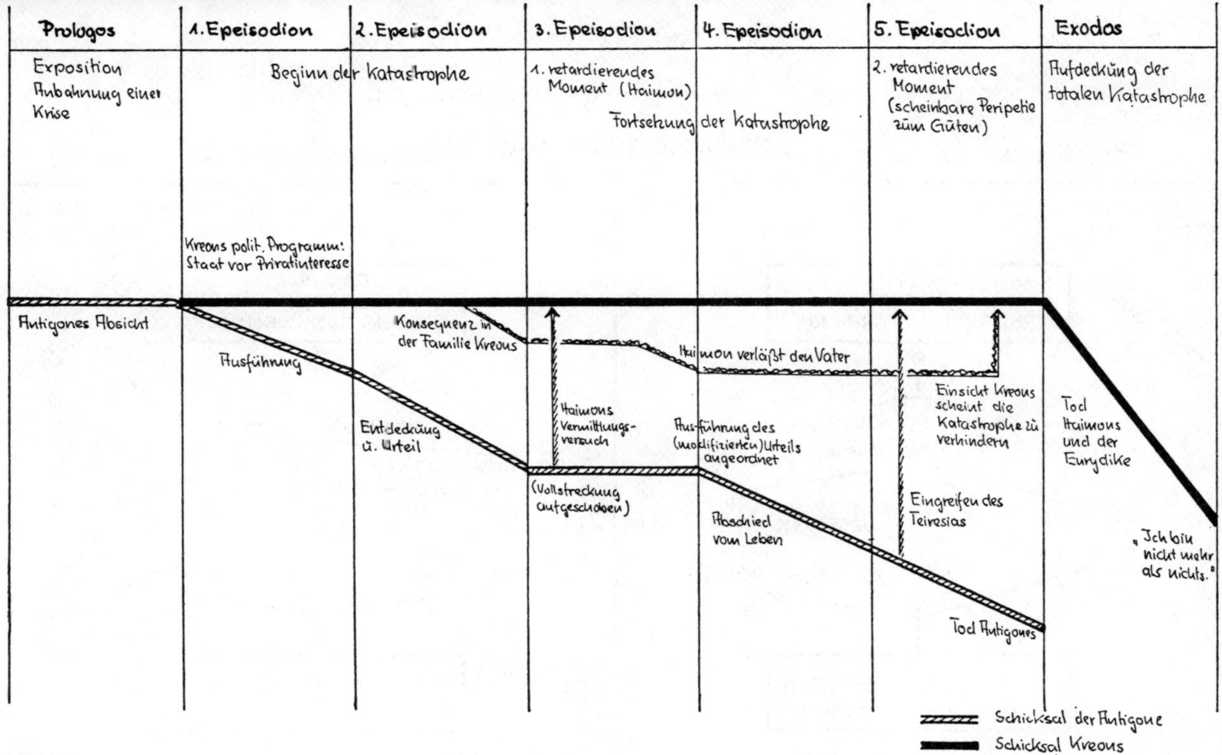
Prologos
1. Epeisodion
2. Epeisodion
3. Epeisodion
4. Epeisodion
5. Epeisodion
Exodos
Exposition
Anbahnung einer Krise
Beginn der Katastrophe
1. retardierendes Moment (Haimon)
Fortsetzung der Katastrophe
2. retardierendes Moment (scheinbare Peripetie zum Guten)
Aufdeckung der totalen Katastrophe
Kreons polit. Programm: Staat vor Privatinteresse
Antigones Absicht
Ausführung
Konsequenz in der Familie Kreons
Entdeckung u. Urteil
Haimons Vermittlungsversuch
Haimon verläßt den Vater
Ausführung des (modifizierten) Urteils angeordnet
(Vollstreckung aufgeschoben)
Abschied vom Leben
Einsicht Kreons scheint die Katastrophe zu verhindern
Eingreifen des Teiresias
Tod Antigones
Tod Haimons und der Eurydike
„Ich bin nicht mehr als nichts."
Schicksal der Antigone
Schicksal Kreons

Bild 22

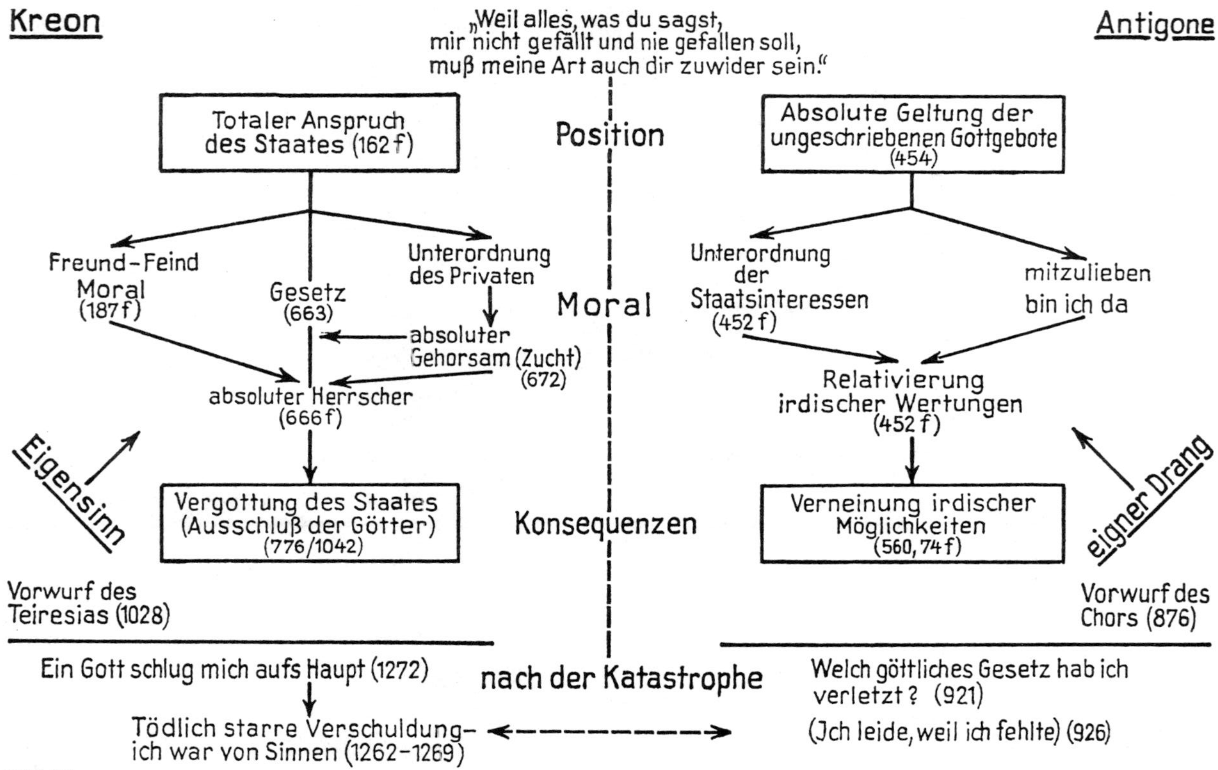
Kreon
Antigone
„Weil alles, was du sagst,
mir nicht gefällt und nie gefallen soll,
muß meine Art auch dir zuwider sein."
Position
Totaler Anspruch des Staates (162 f)
Absolute Geltung der ungeschriebenen Gottgebote (454)
Moral
Freund-Feind Moral (187 f)
Gesetz (663)
Unterordnung des Privaten
absoluter Gehorsam (Zucht) (672)
absoluter Herrscher (666 f)
Unterordnung der Staatsinteressen (452 f)
mitzulieben bin ich da
Relativierung irdischer Wertungen (452 f)
Eigensinn
eigner Drang
Konsequenzen
Vergottung des Staates (Ausschluß der Götter) (776/1042)
Verneinung irdischer Möglichkeiten (560, 74 f)
Vorwurf des Teiresias (1028)
Vorwurf des Chors (876)
nach der Katastrophe
Ein Gott schlug mich aufs Haupt (1272)
Tödlich starre Verschuldung – ich war von Sinnen (1262–1269)
Welch göttliches Gesetz hab ich verletzt? (921)
(Jch leide, weil ich fehlte) (926)

Bild 23

3. Gegenüberstellen der Positionen (Bild 23)

Diese Skizze stellt schematisch die gegensätzlichen ideologischen Positionen Kreons und Antigones gegenüber und zeigt ihre Konsequenzen für das Handeln der jeweiligen Personen. Beide Haltungen werden von Teiresias und dem Chor als „Eigensinn" qualifiziert. Angesichts der Katastrophe kommt es zu einer Revision. Problem der Diskussion war, ob eine solche Umkehrung und Richtigstellung der vorherigen Positionen auch bei Antigone stattfindet (Problem von Antigones Schuld), wie einige Textstellen es andeuten könnten, oder ob wir da nicht von unserer heutigen Lage erst auch Antigones Haltung für revisionsbedürftig halten. Vielleicht dachte Sophokles konservativer (sicher).

Zwei Skizzen zu Schillers „Jungfrau von Orleans"

1. Aufbau und Einheit des ersten Aktes (Bild 24)

Wiederum eine Kurvendarstellung („Fieberkurve"). Die durchgezogene Linie zeigt das Schicksal Frankreichs, dargestellt in der Figur Karls. Bis zum 7. Auftritt sinkt es fast auf den Nullpunkt. Immer mehr Schicksalsschläge werden bekannt, immer mehr Freunde verlassen ihn, Hoffnungen zerschlagen sich (Pfeile im 4. Auftritt). Es bleibt Karl nur die Flucht aus der Wirklichkeit in die Traumwelt der Vergangenheit (gestrichelte Linie). Im 8. Auftritt greift dann Johanna (Strich-Punkt-Strichlinie) wie aus dem Jenseits ein und wendet das Schicksal. Wichtig ist der 10. Auftritt: Johanna errät die beiden Bitten, die Karl in einem einsamen Gebet gestellt hatte. Damit legitimiert sie sich, damit wird aber auch Karls Handeln in den Auftritten 1–7 nachträglich motiviert. Karl erscheint von hier aus nicht mehr als der Schwächling, sondern als der Edle.

2. Johannas Konflikt zwischen ihrem himmlischen Auftrag (dünner Strich) und ihrer Menschlichkeit (dicker Strich) (Bild 25) konzentriert in der Bedingung ihrer Berufung im Prolog. („Nicht Männerliebe..."). Johanna zeigt zum erstenmal, daß ihr Auftrag ihr beschwerlich wird, als sie bekennt, daß sie kein Mitleid empfinden darf („tödlicher Vertrag" II.7). Der tragische Wendepunkt ist dann III.10, als sie Lionel nicht tötet und von ihm dann ent-

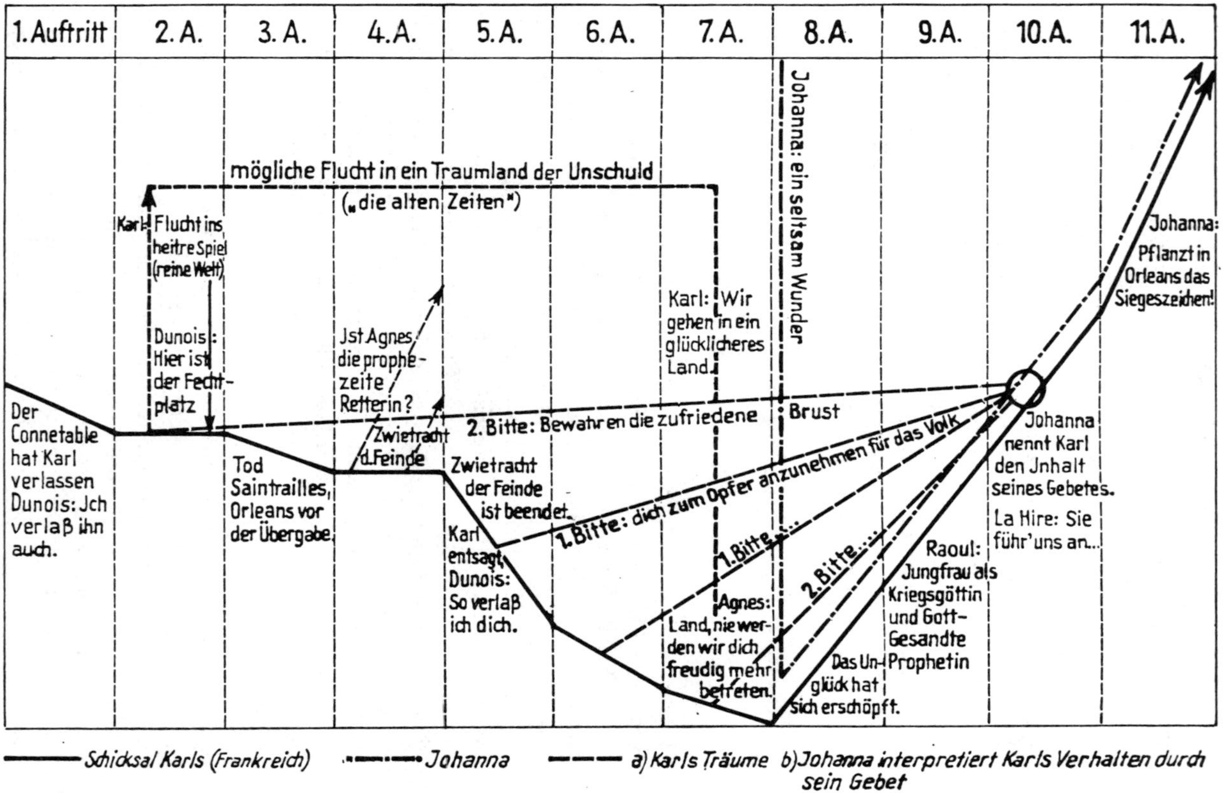
1. Auftritt
2. A.
3. A.
4. A.
5. A.
6. A.
7. A.
8. A.
9. A.
10. A.
11. A.
mögliche Flucht in ein Traumland der Unschuld
(„die alten Zeiten")
Karl: Flucht ins heitre Spiel (reine Welt)
Dunois: Hier ist der Fechtplatz
Jst Agnes die prophezeite Retterin?
Zwietracht d. Feinde
Karl: Wir gehen in ein glücklicheres Land.
Johanna: ein seltsam Wunder
Brust
2. Bitte: Bewahr en die zufriedene
Der Connetable hat Karl verlassen Dunois: Jch verlaß ihn auch.
Tod Saintrailles, Orleans vor der Übergabe.
Zwietracht der Feinde ist beendet.
Karl entsagt, Dunois: So verlaß ich dich.
1. Bitte: dich zum Opfer anzunehmen für das Volk
1. Bitte ...
1. Bitte
2. Bitte ...
Agnes: Land, nie werden wir dich freudig mehr betreten.
Das Unglück hat sich erschöpft.
Raoul: Jungfrau als Kriegsgöttin und Gott-Gesandte Prophetin
Johanna nennt Karl den Jnhalt seines Gebetes.
La Hire: Sie führ' uns an...
Johanna: Pflanzt in Orleans das Siegeszeichen!
Schicksal Karls (Frankreich)
Johanna
a) Karls Träume b) Johanna interpretiert Karls Verhalten durch sein Gebet

Bild 24

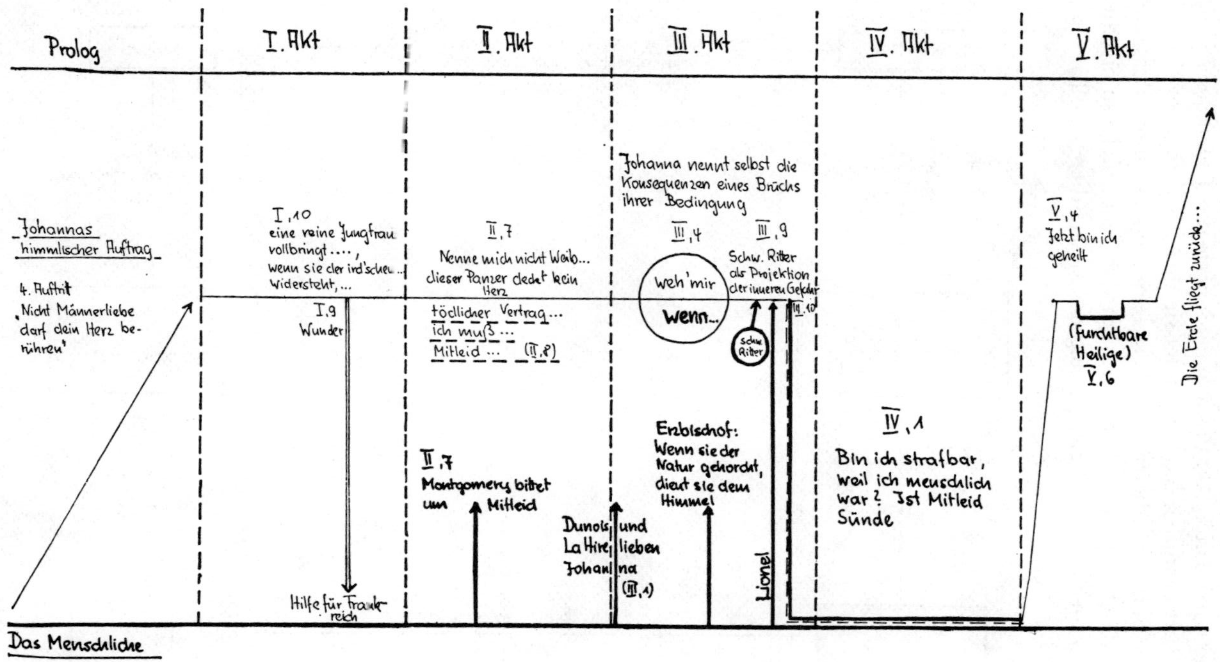
Prolog
I. Akt
II. Akt
III. Akt
IV. Akt
V. Akt
Johannas himmlischer Auftrag
4. Auftrit „Nicht Männerliebe darf dein Herz berühren"
I,10 eine reine Jungfrau vollbringt ...., wenn sie der ird'schen ... widersteht, ...
I,9 Wunder
Hilfe für Frankreich
II,7 Nenne mich nicht Weib... dieser Panzer deckt kein Herz
tödlicher Vertrag...
ich muß...
Mitleid ... (II,8)
II,7 Montgomery bittet um Mitleid
Dunois und La Hire lieben Johanna (III,1)
Johanna nennt selbst die Konsequenzen eines Bruchs ihrer Bedingung
III,4
weh' mir
wenn...
III,9 Schw. Ritter als Projektion der inneren Gefahr
Schw. Ritter
III,10
Erzbischof: Wenn sie der Natur gehorcht, dient sie dem Himmel
Lionel
IV,1 Bin ich strafbar, weil ich menschlich war? Ist Mitleid Sünde
V,4 Jetzt bin ich geheilt
(Furchtbare Heilige) V,6
Die Erde fliegt zurück...
Das Menschliche

Bild 25

waffnet wird. Im 5. Akt dann, nachdem sie die Tiefen des Zweifels wieder überwunden hat, vollendet sie ihren Auftrag.
(Beider Skizzen Übersichtlichkeit leidet etwas unter der reichlichen Beschriftung, die natürlich an der Tafel nicht so erschien, sondern hier nur der Orientierung des Lesers dienen soll.)

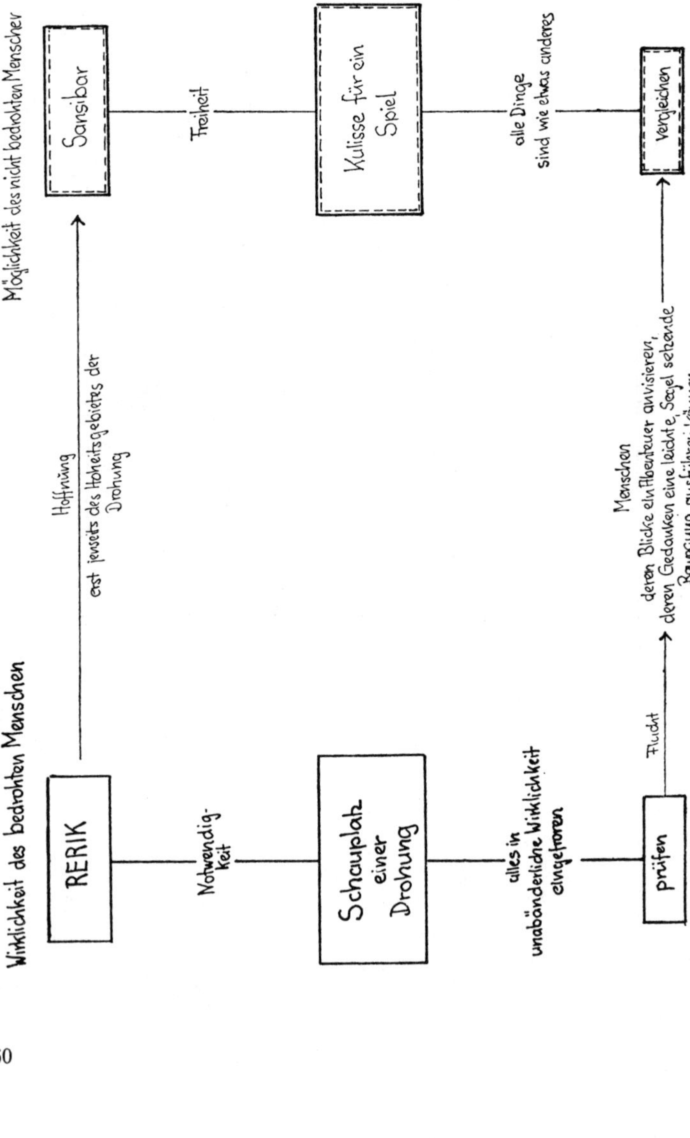

Bild 26

Beide Skizzen gehen von je einem Kapitel aus, das von Gregor handelt. Sie stellen im Grunde das gleiche Problem, aber auf verschiedenen Entwicklungsstufen (1. in der Ausgangslage, 2. in der Entscheidungssituation und Lösung) dar.

1. Gregors Situation[5] (Bild 26)

Als Gregor auf dem Rad sich der Stadt Rerik nähert, empfindet er die Stadt als Schauplatz der Drohung und vermißt dabei die ästhetische Möglichkeit, daß die Dinge Kulisse für ein Spiel werden können („verglichen" werden können, d. h. einem freien Geist zum Spiel zur Verfügung stehen). Er deutet dies als Fehlen der Freiheit, als Zeichen der Notwendigkeit. Dieser Notwendigkeit hofft (dünne Verbindung) er in Rerik entfliehen zu können. Die Skizze stellt den Bereich der Notwendigkeit (starke Teile) dem der Freiheit (Teile mit Strichelung) gegenüber. Daß Gregors Lage zugleich auch die Lage der anderen Romanpersonen ist, deuten wir an, indem wir Gregors Ziel, in Analogie zu dem Ziel des Jungen, „Sansibar" nennen.

2. Die Figur[6] (Bild 27)

Diese Skizze analysiert Gregors Situation in der Entscheidung. Ausgehend von einem früheren Erlebnis (Der goldene Schild von Tarasovka) versucht Gregor der drohenden Kausalität der Partei zu entgehen und ohne „Auftrag" frei zu leben. Die Situation ohne Auftrag erscheint ihm aber als „toter Punkt", bis er durch Betrachten einer Figur (Barlach) in der Kirche die Lösung findet. Sie liegt nicht in Sansibar, sondern in Rerik, d. h. in der Wirklichkeit, in der es eine bescheidene Möglichkeit der Freiheit gibt. Die Aktionen im eigenen Auftrag sind für Gregor dann die Rettung der Figur und einer Jüdin vor der Gestapo. Die Zeichnung stellt in den beiden stark gezeichneten Kreisen die Situation Gregors zu Beginn und Schluß dar. Die Figur (dünner Kreis, etwas oberhalb abgesetzt, in der Mitte) ist für Gregor entscheidend, sie dient ihm als Medium der Erkenntnis. Der feine Strich (Freiheit) erscheint in der Endsituation innerhalb des stark gezeichneten Kreises (Notwendigkeit, Wirklichkeit). Die Beschriftung bemüht fast ausschließlich Textzitate.

[5] Fischer Taschenbuch Nr. 354, S. 8/9.

[6] Ebd., S. 42–47.

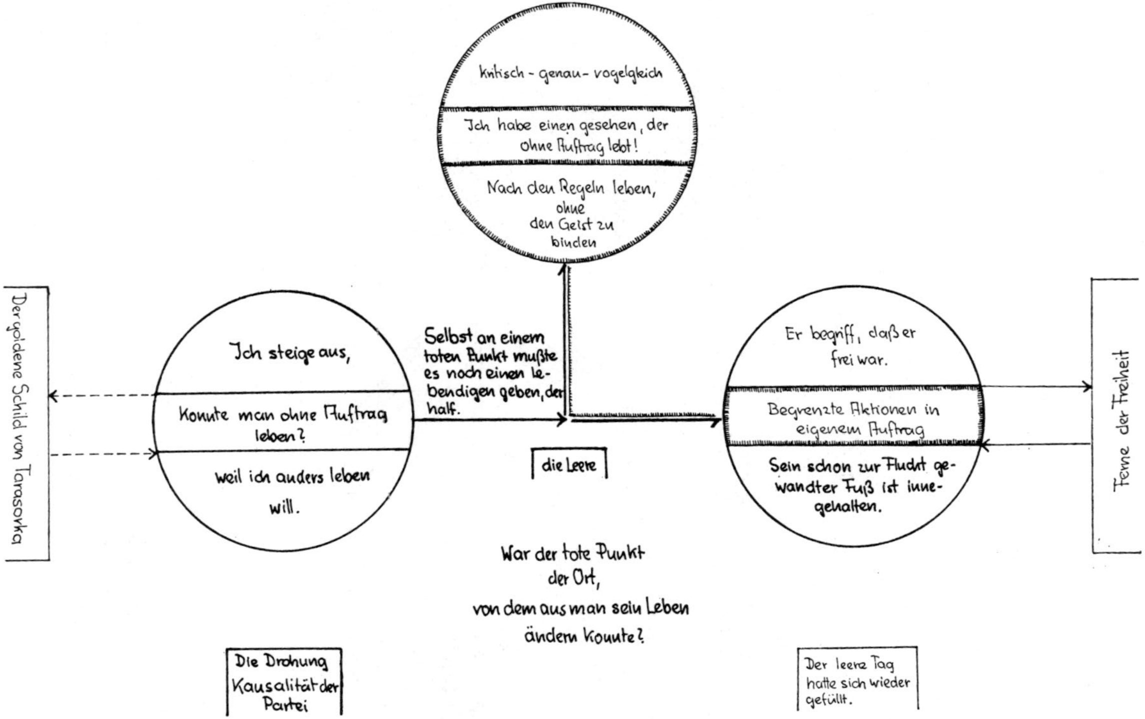
Der goldene Schild von Tarasorka
Jch steige aus,
Konnte man ohne Auftrag leben?
weil ich anders leben will.
Selbst an einem toten Punkt mußte es noch einen lebendigen geben, der half.
kritisch - genau - vogelgleich
Jch habe einen gesehen, der ohne Auftrag lebt!
Nach den Regeln leben, ohne den Geist zu binden
die Leere
Er begriff, daß er frei war.
Begrenzte Aktionen in eigenem Auftrag
Sein schon zur Flucht gewandter Fuß ist innegehalten.
Ferne der Freiheit
War der tote Punkt der Ort, von dem aus man sein Leben ändern konnte?
Die Drohung Kausalität der Partei
Der leere Tag hatte sich wieder gefüllt.

Bild 27

Schiller, Wilhelm Tell, die Interessengruppen und ihr Verhältnis zum Schweizer Bund (Bild 28)

Variante zu der in der zweiten Modellgruppe vorgeschlagenen Skizze.

Der Interessenkonflikt entzündet sich hauptsächlich zwischen Habsburg (Geßler) und den freien Schweizern (Bund). Integriert, zum Teil aber außerhalb bleiben die Handlungsbereiche: Tell (blau) und Rudenz (Berta). Diese Gruppen werden in der Zeichnung untereinander geordnet. Die obere Begrenzung zeigt in ihrem Auf und Ab Verschiedenes: 1. Macht und Erfolg bzw. Ohnmacht und Mißerfolg (so bei den ersten beiden Gruppen), bei Tell bedeutet sie den Grad des Engagements, bei Berta/Rudenz den Grad des Einsatzes für den Schweizer Bund. Die vier Gruppen sind durch Pfeile (einzelne Handlungen und Ereignisse) aufeinander bezogen.

Wolfgang Borchert, „Holz für morgen"

Diese Skizze (Bild 29) stellt hauptsächlich das Verhältnis von Erzählzeit und erzählter Zeit (waagerechtes Band) dar. Die Dreiecke unterhalb dieses Bandes sind Erzählzeit, Abschnitte, die keine Handlungszeit verbrauchen, z. B. Reflexion oder Kommentar des Erzählers. Die beiden schraffierten Teile sind einmal die Erinnerung der Hauptperson (innerhalb der erzählten Zeit) an ein Kindheitserlebnis und zum andern die Worte der Mutter, die schließlich die Wendung in der Handlung hervorrufen. Alle diese Teile lassen sich miteinander in Beziehung setzen (verschiedene Verbindungslinien). Diese Verbindungen führen dann zur Deutung der Geschichte.

Jorge Luis Borges, „Geschichte von den beiden Träumern"[7]

Die Geschichte des Mannes, dem Allah im Schlaf in seinem Garten einen Schatz verheißt, ihn einen großen Umweg (nach Isfahan) gehen läßt, wobei er in größte Not gerät und erfährt (durch den Traum eines ungläubigen Hauptmannes), daß dieser Schatz im eigenen Garten vergraben ist, wurde in einer Quarta behandelt. In Eigenarbeit haben die Schüler den Rahmen dieser Skizze, den

[7] Wort und Sinn, Lesebuch, Bd. II, S. 77.

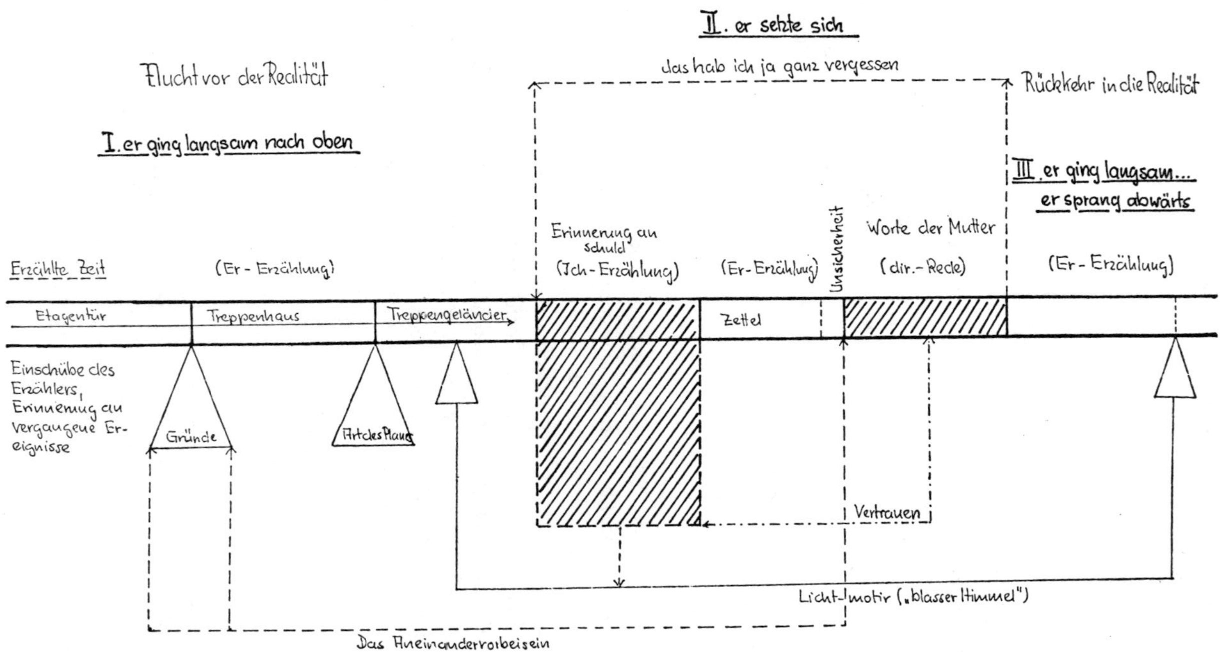
Flucht vor der Realität
I. er ging langsam nach oben
II. er setzte sich
das hab ich ja ganz vergessen
Rückkehr in die Realität
III. er ging langsam...
er sprang abwärts
Erzählte Zeit
(Er - Erzählung)
Erinnerung an Schuld
(Ich - Erzählung)
(Er - Erzählung)
Unsicherheit
Worte der Mutter
(dir. - Rede)
(Er - Erzählung)
Etagentür
Treppenhaus
Treppengeländer
Zettel
Einschübe des Erzählers, Erinnerung an vergangene Ereignisse
Gründe
Arztes Plan
Vertrauen
Licht-motiv („blasser Himmel")
Das Aneinandervorbeisein

Bild 29

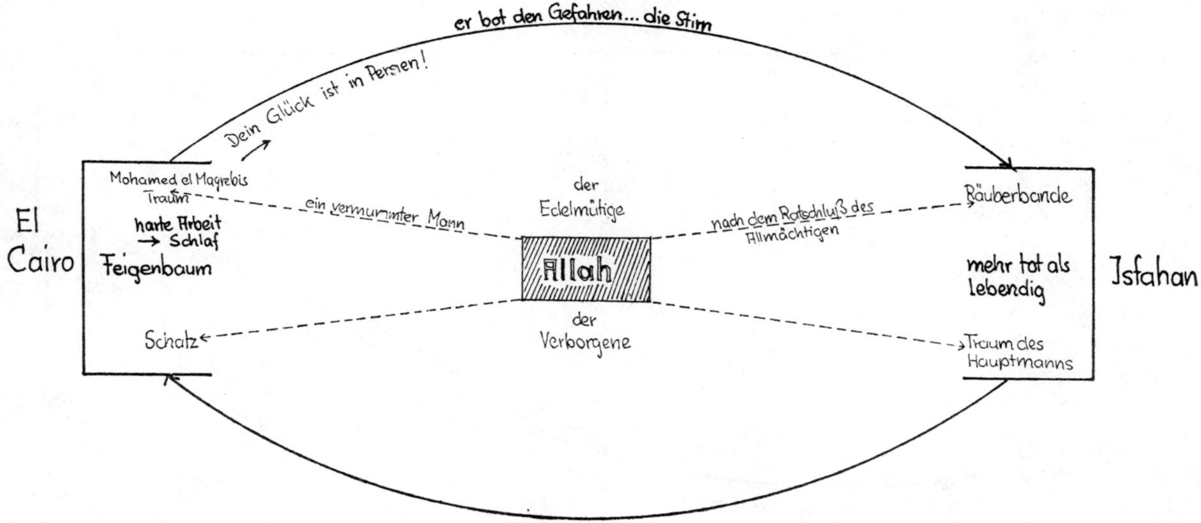
er bot den Gefahren... die Stirn
Dein Glück ist in Persien!
El Cairo
Mohamed el Magrebis Traum
harte Arbeit → Schlaf
Feigenbaum
Schatz
ein vermummter Mann
der Edelmütige
Allah
der Verborgene
nach dem Ratschluß des Allmächtigen
Räuberbande
mehr tot als lebendig
Traum des Hauptmanns
Isfahan

Bild 30

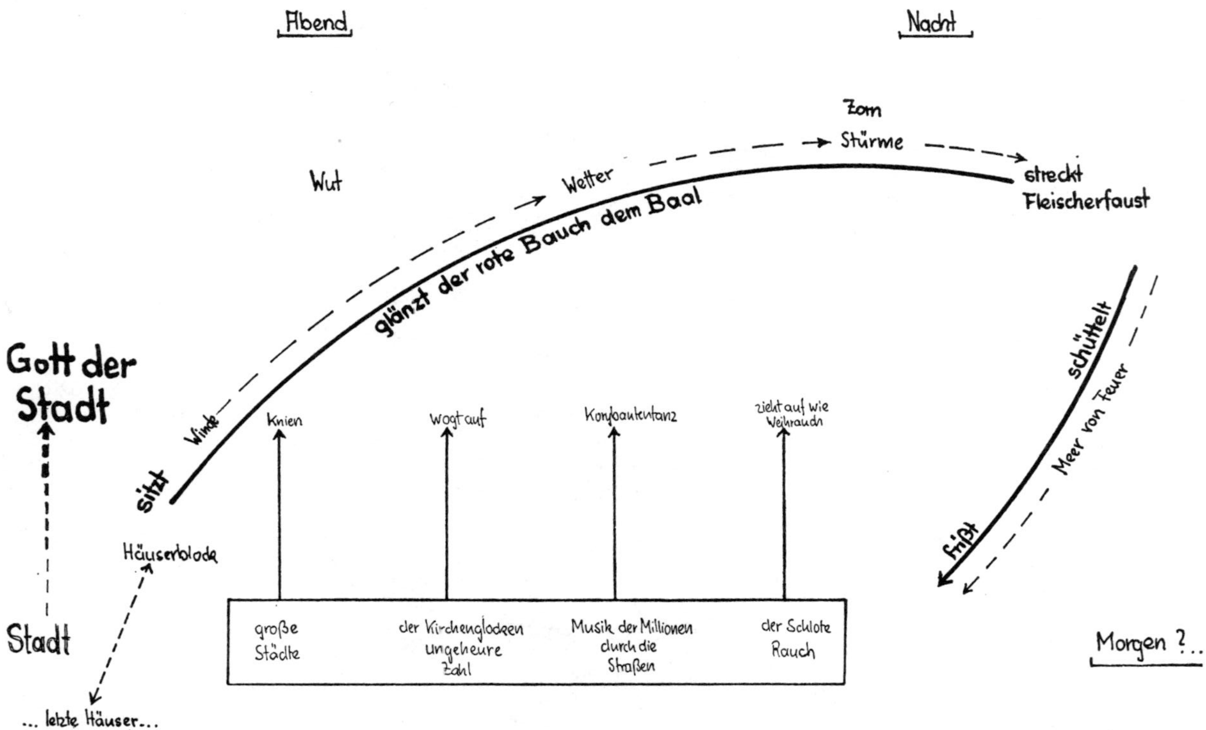
Abend
Nacht
Wut
Zorn
Stürme
Wetter
streckt
Fleischerfaust
glänzt der rote Bauch dem Baal
Gott der Stadt
Winde
sitzt
Knien
wogt auf
Korybantentanz
zieht auf wie Weihrauch
schüttelt
Meer von Feuer
frißt
Häuserblock
große Städte
der Kirchenglocken ungeheure Zahl
Musik der Millionen durch die Straßen
der Schlote Rauch
Stadt
Morgen ?...
... letzte Häuser...

Bild 31

Weg von El Cairo nach Isfahan und zurück, entwickelt. Erst nach einem Hinweis fanden sie den geheimen Motor der Bewegung: Allah (Bild 30).

Georg Heym, „Der Gott der Stadt"

Hier wurde die Raum- und Zeitvorstellung des Gedichts zum Schema des Aufbaus (Bild 31): unten die Stadt, über ihr der Gott, eingespannt in die zeitliche Entwicklung Abend – Nacht – Morgen. Diesem zeitlichen Fortschritt entspricht auch eine Steigerung der von dem Gott ausgehenden Aktionen und der sie begleitenden Naturerscheinungen (Winde – Wetter – Stürme). Der Gott (starke Linie) wird dabei als „Produkt" der Stadt gedeutet (er geht von ihr aus, die Stadt betet ihr eigenes Geschöpf an), das sich ihr schließlich feindlich gegenüberstellt, das Produkt, das seinen Schöpfer auffrißt. Unklar bleibt, was „Morgen" meint, endgültiges Ende (am Tag wird das Ausmaß der Zerstörung erst sichtbar) oder neuer Anfang.

Wolf Biermann, „Lebenszeichen"[8]

Die Skizze (Bild 32) geht aus von dem Modell eines Satzbogens. Das Gedicht ist eine einzige große syntaktische Einheit, eine Reihe von Gliedsätzen (Pfeile am linken Bogenansatz) führen zu einer Satzreihe. Diesem syntaktischen Aufbau entspricht ein zeitlicher. Von einem Punkt der Gegenwart des sprechenden Ich aus stellen die Gliedsätze (Temporalsätze) die Vergangenheit dar, die Hauptsätze die Zukunft. Im Punkt der Gegenwart vollzieht der Sprechende auch eine innere Wende: Er zieht sich aus dem politischen Leben zurück in den privaten Bereich. Aber nicht für immer; er will nur neue Kraft für den erneuten Eintritt in den politischen Bereich suchen (Pfeil, der zum Ausgangspunkt zurückkehrt). Das graphische Modell trifft mit einer Metapher, die im Gedicht vorkommt, zusammen: „Karussell".

Solano Trindade, „'s gibt hungrige Leut"[9]

Hier wurde der Versuch gemacht, eine die Struktur des Gedichts wiedergebende symbolische Zeichnung zu gestalten, in die der Text des Gedichts eingetragen wird (Bild 33).

[8] Aus: Mit Marx und Engelszungen, Wagenbach-Quartheft, Berlin 1968, S. 13.
[9] Klett Lesebuch A 6, S. 177.

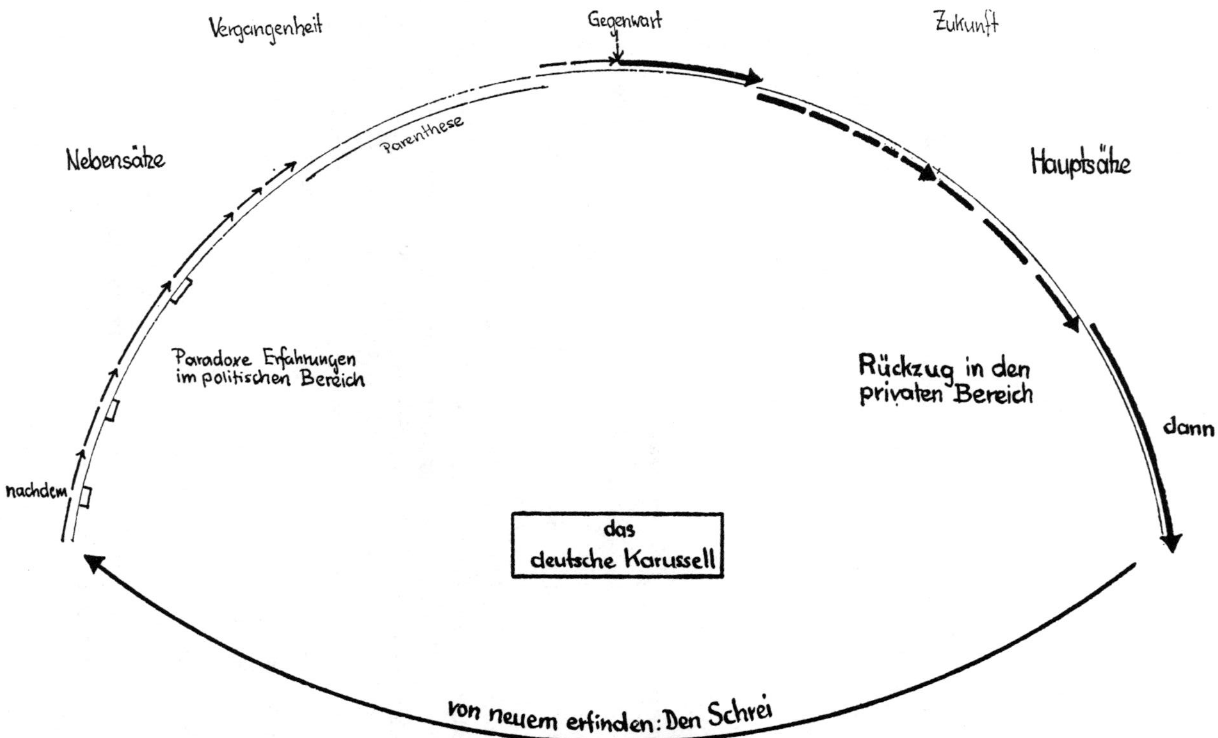
Vergangenheit
Gegenwart
Zukunft
Nebensätze
Parenthese
Hauptsätze
nachdem
Paradoxe Erfahrungen
im politischen Bereich
Rückzug in den
privaten Bereich
dann
das
deutsche Karussell
von neuem erfinden: Den Schrei

Bild 32

Vom Zug aus wird die Symbolik des Rades nahegelegt, was die zyklisch in sich zurückkehrende Wortstellung der Zeilen: „Wieviel traurige Gesichter, traurige Gesichter viel“ erhärtet. Das Rad als Symbol des immer Wiederkehrenden, aus dem es keinen Ausweg gibt. Diese Hoffnungslosigkeit erscheint in der schwarzen Schrift ('s gibt hungrige Leut usw.). An den Bahnhöfen sehen die Passagiere aber die Prachtgebäude und -straßen von Rio (gelb, außerhalb des Rades, z. B. Penho Stadtring, Generalvikar). Hier suchen sie auszubrechen („wenn Leute hungern“ ..., rote Schrift). Aber umsonst; die Luftdruckbremse (gelb) unterbricht den Protestruf.

Lisa Tetzner, „Von einem klugen Alten“[10]

Ergebnisse einer Gruppenarbeit in einer Quinta (Bild 34).

Ein Alter will einem König einen Vogel, der diesem entflogen war, zurückbringen und erhofft eine Belohnung. Er kennt jedoch den Weg nicht, und seine drei Führer versuchen, ihn um den Lohn zu bringen. Der Alte erbittet sich aber 100 Rutenhiebe, die die Führer erhalten. Er selbst erhält eine zweite, echte Belohnung für seine Klugheit.

Gemeinsam wurde die Ausgangsposition, die zugleich das Problem enthält, entworfen. Aufgabe der Gruppen war, die Zeichnung zu vollenden. Problem war dabei die „Umfunktionierung“ der ursprünglichen Belohnung in Strafe sowie die neue Belohnung. Einige Gruppen (1. Lösung) haben das Problem nicht erkannt. Sie haben nur den Weg des Alten mit dem Vogel zum König und die drei Hindernisse dargestellt. Die 2. Lösung erkennt das Problem (Rückwirkung der ersten Belohnung), bleibt aber graphisch noch unbefriedigend. Die dritte Lösung stellt richtig den Weg des Alten als Stufenfolge nach unten (er scheint die Belohnung zu verlieren) dar. Weiter wird gesehen, daß die 2. Belohnung nicht den zurückgebrachten Vogel, sondern die Klugheit des Alten betrifft. Gemeinsam wurde aus dieser Skizze eine Endfassung mit folgenden Verbesserungen hergestellt: 1. Der Vogel begleitet ja den Alten (dünne Linie bei der starken), 2. Die Veränderung der ursprünglichen Belohnung wurde durch Anführungszeichen hervorgehoben.

[10] Klett Lesebuch A 5, S. 87.

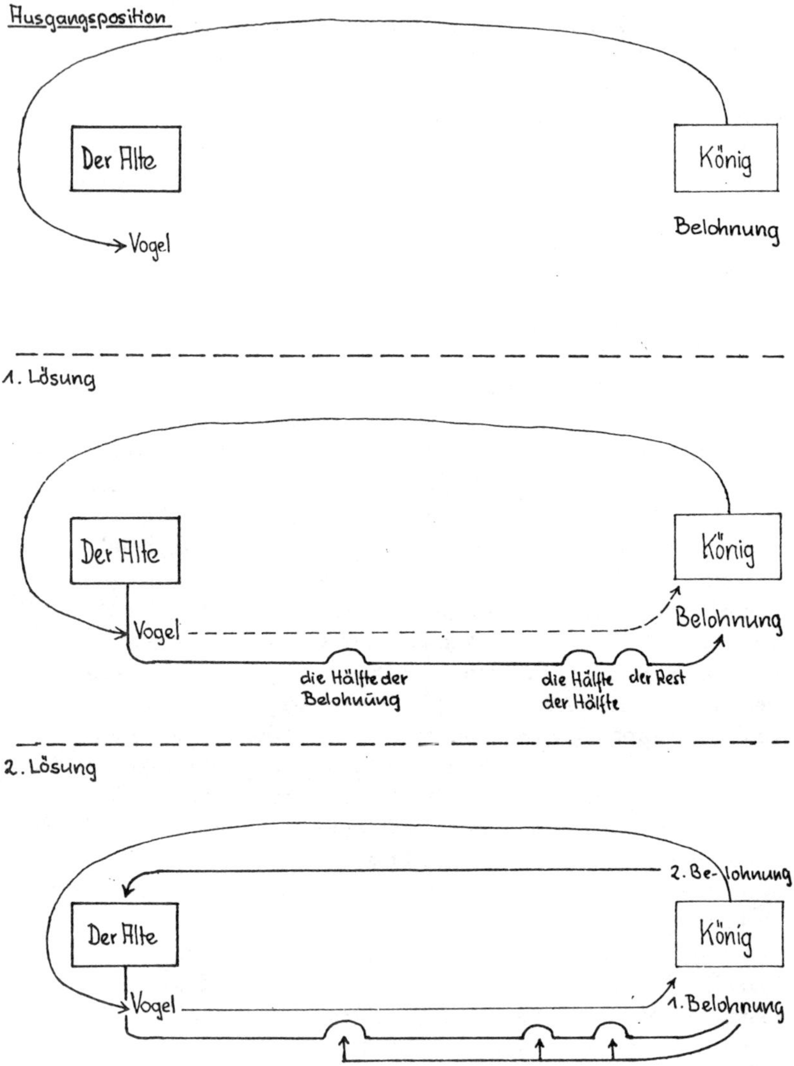
Ausgangsposition
Der Alte
König
Vogel
Belohnung
1. Lösung
Der Alte
König
Vogel
Belohnung
die Hälfte der Belohnung
die Hälfte der Hälfte
der Rest
2. Lösung
2. Belohnung
Der Alte
König
Vogel
1. Belohnung

Bild 34a

3. Lösung

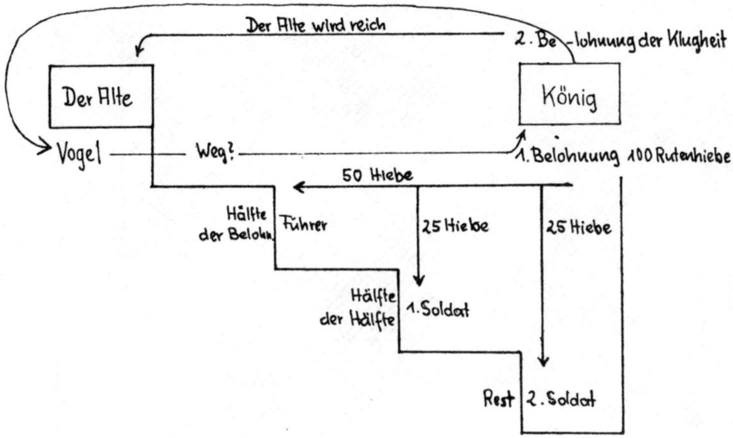

Endfassung

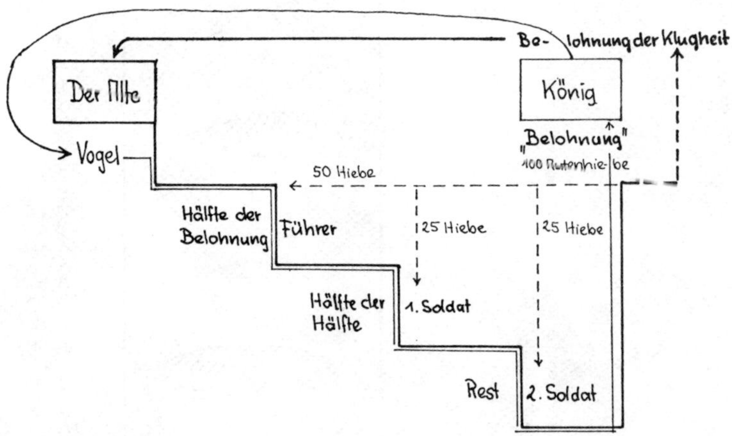

Bild 34b

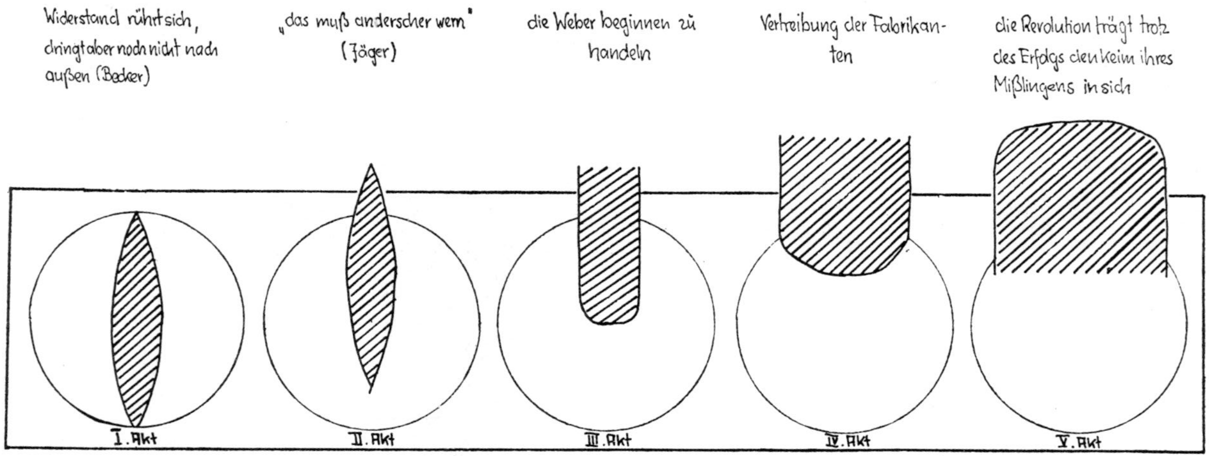

Jeder Akt zeigt einen geschlossenen Aspekt des Alltags der Weber (IV. Alltag des Fabrikanten), aus dem dann, wie ein Keim das Neue wächst (die Revolution).

Bild 35

Gerhart Hauptmann, „Die Weber". Zusammenhang der Akte

Diese Skizze (Bild 35) ist das Arbeitsergebnis einer Schülergruppe. Vorausgegangen war die Erarbeitung des Gustav Freytagschen Pyramidenmodells an Lessings *Emilia Galotti.* Es wurde weiter gezeigt, daß dieses Modell zwar zu einigen klassischen Dramen paßt, bei Büchners *Woyzeck* aber bereits versagt. Die Gruppe hatte nun die Aufgabe, die Anwendbarkeit der Pyramide an Hauptmanns *Die Weber* nachzuprüfen und gegebenenfalls ein neues Modell zu entwickeln. Diese Aufgabe scheint in der Skizze hervorragend gelöst. Die relative Selbständigkeit und Unabhängigkeit der Akte (im Widerspruch zur klassischen Theorie) ist erkannt. Jeder Akt stellt, fast episch, eine bestimmte alltäglich erscheinende Situation der Weber dar. Aus dieser Situation wächst, gleichsam als Keim, die Revolution. Die Akte zeigen die Keimungsentwicklung in verschiedenen Stadien. Im letzten Akt deutet sich schon das Absterben des Keimes an.

Th. Wilder, „Die Brücke von San Luis Rey"

Vorbemerkung: Der Roman war von einer 11. Klasse als zusätzliche Pflichtlektüre („Buch des Monats") zu lesen. Für die Besprechung im Unterricht stand nur eine Doppelstunde (90 Minuten) zur Verfügung. Davon gingen 30 Minuten für eine schriftliche Überprüfung der Lektüre ab. – Für einen Gesamtüberblick in den verbleibenden 60 Minuten bot sich als Ansatzpunkt die Untersuchung der Personenbeziehungen an.
Aufgabe: Wir wollen versuchen, die Personen des Romans auf geometrischen Örtern zu zeichnen und ihre Beziehungen zueinander zu untersuchen.
Ausgehend von den Hauptpersonen des Romans kam schnell der Vorschlag, diejenigen, die beim Unglück umkamen, auf einen Kreis mit dem Mittelpunkt ‚Brücke' einzutragen. (Alternativvorschläge für den Mittelpunkt, z. B. Perichole oder Madre Maria del Pilar, wurden in Erwägung gezogen. Die Klasse entschied sich aber für ‚Brücke'.) Die anderen Personen wurden auf konzentrischen Kreisen um den Hauptkreis angeordnet, dabei wurde darauf geachtet, daß die Personen des zweiten Kreises, die zu einer Person des Hauptkreises in ‚primärer' Beziehung standen, in der kürzesten Entfernung zu dieser Person zu stehen kamen.

Die Blätter zeigen den Zustand der Skizze in verschiedenen Stadien bis zur Endstufe (Bild 40). (Diese selbst ist für den unbefangenen Betrachter unübersichtlich und verwirrend. Es hätte sich angeboten, jeweils eine neue Skizze anzufertigen. Abgesehen aber davon, daß dafür die Tafel nicht ausreicht, haben die Schüler ja

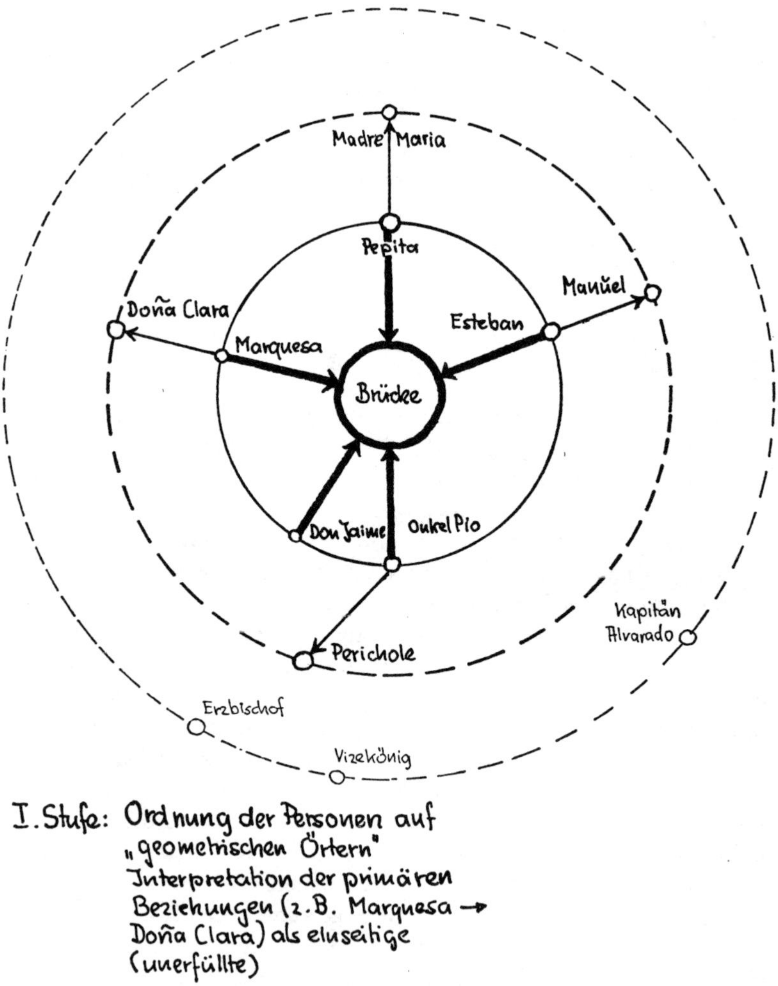

Bild 36

die Entwicklung der Skizze erlebt. Das Gesamtbild, das alle Teilergebnisse enthält, ist ihnen also durchsichtig und fördert den synthetischen Überblick.)
Der Gang der Stunde wurde nun bestimmt von zwei alternierenden Fragestellungen: 1. (‚Aufweisstufe') Aufweis der Beziehungen und deren Eintragung in die Skizze.

2. (‚Interpretationsstufe') Qualitative Unterscheidung und Interpretation der in der Skizze gleichgezeichneten Beziehungen. – Diese Stufe ergab sich notwendig aus der vorhergehenden, denn die Schüler zeigten sich unbefriedigt darüber, daß z. B. die ‚primären' Beziehungen, die wir mit einem roten Pfeil zeichneten, sich doch sehr voreinander unterschieden. Diese Beobachtung führte zur notwendigen Relativierung der Skizze.

Stufe I (Bild 36):

1. Alle Personen des Hauptkreises stehen in einer besonderen (primären) Beziehung zu einer Person des nächsten Kreises. (Drei dieser Beziehungen beruhen auf Verwandtschaft, zwei auf einer sonstigen schicksalhaften Verbindung.)
2. Diese Beziehungen lassen sich als einseitig und im wesentlichen daher unerfüllt interpretieren: Vier Personen des inneren Kreises stehen in einem emotionalen Verhältnis zu einer Person des nächsten Kreises (eine Ausnahme macht Don Jaime, der überhaupt eine untergeordnete Rolle spielt. Die Bedeutung der Pepita fällt im Vergleich zu den anderen auch deutlich ab. Hier zeigt sich das Prinzip der bewußten Störung einer sonst zu vollkommen und daher unlebendig wirkenden Ordnung.) An dieser Unerfülltheit ist eine gewisse Eigensucht der ‚Liebenden' gegenüber den ‚Geliebten' mitschuldig, die wiederum vom Erzähler psychologisch aus der Vorgeschichte der Personen erklärt wird.

Stufe II (Bild 37):

1. Zwischen den Personen besteht darüber hinaus ein dichtes Netz sonstiger direkter oder indirekter Beziehungen. Diese haben kein deutliches Zentrum, sondern eher eine Reihe von

Konzentrationspunkten. Die meisten Fäden laufen bei Perichole zusammen. (Vergleiche den erwähnten Schülervorschlag, einen geometrischen Ort um das Zentrum Perichole zu zeichnen.)

2. Die Qualitäten dieser Kontakte sind sehr verschieden, denn diese reichen von flüchtigen indirekten Beziehungen (der Vizekönig fürchtet die Konkurrenz des Gatten der Dona Clara,

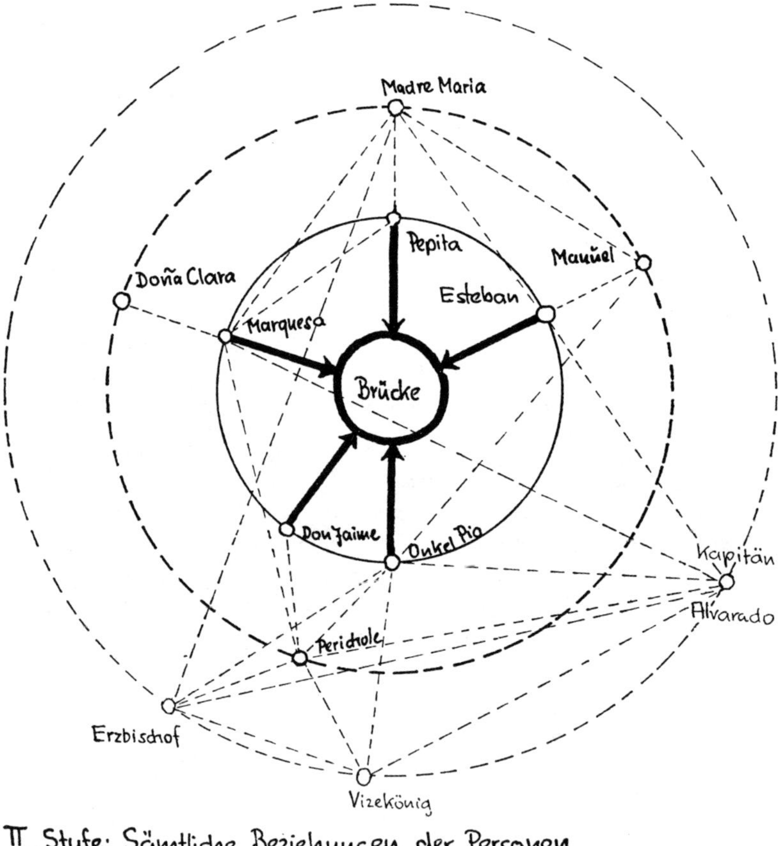

II. Stufe: Sämtliche Beziehungen der Personen
(qualitative Unterscheidung auf der
Interpretationsstufe)
Interpretation ihrer Funktionen

Bild 37

Kapitän Alvarodo transportiert die Briefe der Marquesa nach Spanien) bis zu fast schicksalhaften Begegnungen (Marquesa – Perichole). Funktion dieser Beziehungen: Sie bewirken die kategoriale und wirkungsmäßige (für den Leser) Geschlossenheit des Romans. Neben der Symmetrie der Schicksale bedingen diese Beziehungen den ästhetischen Charakter des Werkes. Diese Beziehungen könnte man zu dem rechnen, was wir das ‚redundante Material' nannten. Und es ist deutlich, wie dieses Material hier durchstrukturiert und der Zentralstruktur zugeordnet ist.

Stufe III (Bild 38):

1. Nach dem Unglück kommt es zu zwei neuen Beziehungen (der Erzähler erwähnt sie nur als exemplarisches Beispiel aus einer Fülle von Wirkungen.) Sie haben ein neues Zentrum: Person und Werk der Madre Maria del Pilar.
2. Diese neuen Beziehungen entstehen aufgrund einer inneren Wandlung oder Erneuerung der Personen, die durch die Katastrophe bewirkt ist. Das neue Zentrum ist ein karitatives, humanitäres Werk.

Stufe IIIa (Bild 39):

Die Gestalt des Bruders Juniper war bisher noch nicht eingeordnet. Wo steht er? Diese Frage führte zur Diskussion der Erzählperspektiven. Bruder Juniper hat nur den inneren Kreis im Blick, der Erzähler jedoch sieht weiter. Er relativiert aber wiederum seine Einsicht und verweist damit auf die umfassende Perspektive Gottes. Verfasser und Leser haben wir zwischen Erzähler und Gott eingeordnet, da sie beide einen umfassenderen Einblick haben als der Erzähler, nämlich dessen Standpunkt selbst wieder orten können. Diese Lösung ist aber nur als Notlösung zu betrachten, da Verfasser und Leser außerhalb der kategorialen Geschlossenheit des Werkes stehen, während Gott hier durchaus als ‚Romanfigur' zu betrachten ist.

Martin Walser, „Das Einhorn“[11], Ergebnis einer Gruppenarbeit:

Die Aufgabe der Gruppe, die über mehrere Wochen zusammen arbeitete, war, den Roman Martin Walsers der Klasse, die ihn nicht gelesen hatte, vorzustellen. Dabei sollten verschiedene Methoden der Vermittlung angewandt werden. Die Gruppe versuchte ihre Ergebnisse in einer Skizze zusammenzufassen (Bild 41).

[11] Fischer Bücherei Nr. 1106.

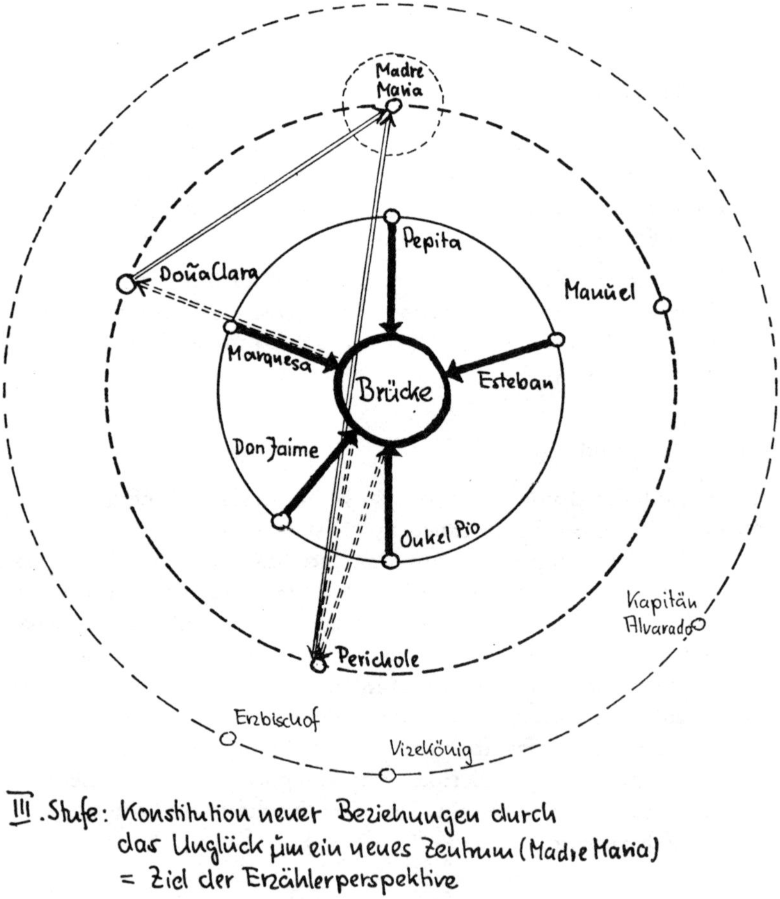

Bild 38

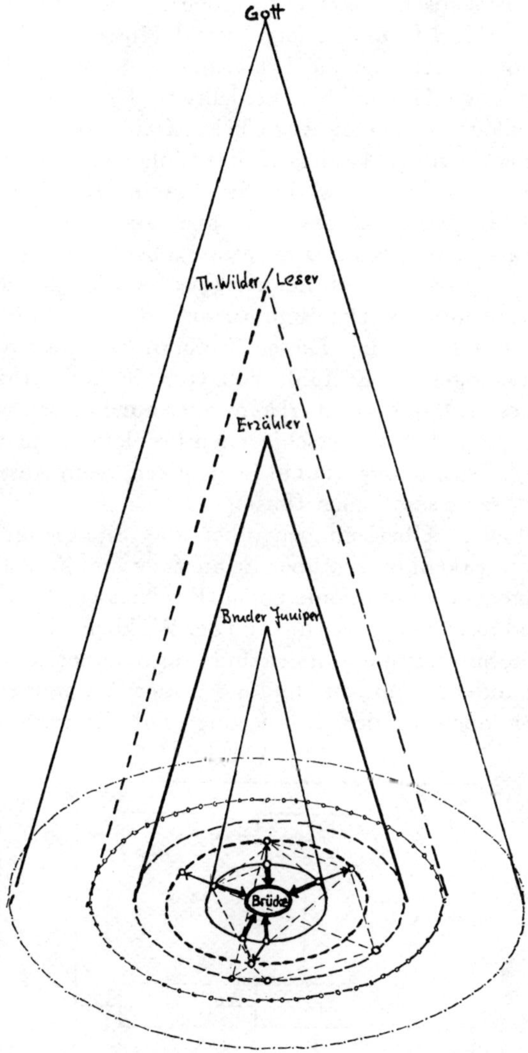

Bild 39

Die Gruppe interpretierte u. a. den Roman als ‚Entwicklung eines Weltbilds' (die Berechtigung einer solchen Interpretation soll hier nicht kritisch untersucht werden). Zu der Zeichnung gibt die Gruppe (Karl-Heinz Bender, Bernd Huwe, Wolfgang Sold, Gerhard Sprengart) folgende Erklärung: „Die Entwicklung von Lage I zu Lage II kann als Leidensweg Kristleins bezeichnet werden, analog zum Leidensweg Christi. Dafür spricht die häufige Verwendung religiöser Ausdrücke, das Einhorn als Symbol für die Menschwerdung Christi sowie der Name ‚Kristlein', kleiner Christus. Diese Verkleinerung zeigt aber auch, daß diese Parallelität nur als parodistische Umkehrung aufzufassen ist.
Die Ausgangssituation des Leidenswegs ist die Herrschaft, die Diktatur des Einhorns. Das Einhorn stellt das Dynamische, Treibende, die Entelechie dar. Diesem Einhorn hat Anselm Kristlein den Kampf angesagt. Er fühlt sich vom Einhorn bedrängt, er empfindet es als lästig. Er anerkennt aber auch dessen Macht.
Die Reflexionen über die verschiedenen Probleme begleiten seinen Leidensweg. Es ist in der Tat ein Leidensweg, denn Anselm Kristlein verliert seine sämtlichen Illusionen.
Ausgehend von Überlegungen über die Sinnesempfindungen gelangt er zu Erkenntnissen über Erinnerung und Zeit. Er gelangt zu den folgenden desillusionierenden Ergebnissen: Sinnesempfindungen sind das einzige, was uns von der Wirklichkeit wirklich verbürgt ist. Die Sinnesempfindungen sind jedoch immer nur im Augenblick vorhanden. Sinnesempfindungen der Vergangenheit existieren nur noch in der Erinnerung. Die Erinnerung jedoch

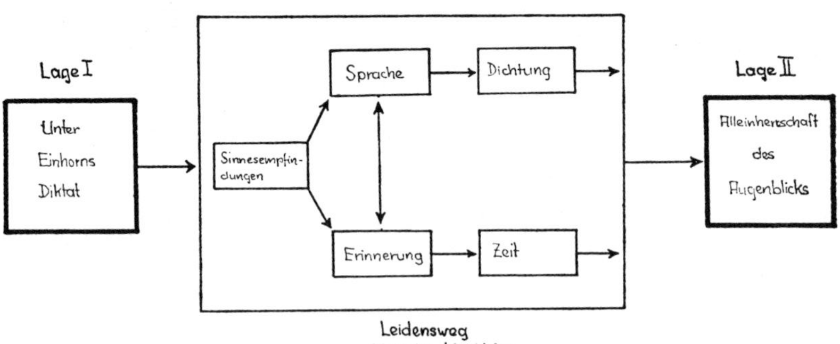

Bild 41

täuscht den Menschen, sie abstrahiert Sachverhalte und verwischt ihre Bedeutung. Deshalb ist, was vergangen ist, so, als sei es nie gewesen. Die Erinnerung läßt sich durch den Willen nicht beeinflussen, sie ist nicht in der Lage, Gleichzeitigkeit wiederzugeben. Überhaupt gibt es für Anselm keine Gleichzeitigkeit. Etwas ist für ihn erst dann, wenn er es wahrnimmt. Diesem Reflexionsblock mit der Erinnerung im Zentrum läuft ein anderer, der die Sprache im Zentrum hat, parallel. Auch die Sprache des Dichters ist gebunden an Erinnerung und Sinnesempfindungen. Das geschriebene Wort abstrahiert jedoch noch ungleich mehr, als die Erinnerung es tut. Mit ihm läßt sich so gut wie kein naturgetreuer Ausdruck darstellen, keine gefühlsbestimmte Aussage erzielen. Es kann lediglich die verfälschten Daten der Erinnerung noch stärker verfälschen. Folglich ist für Kristlein Dichtung sinnlos. Einzig sinnvoll wäre für ihn die Dokumentation, das Arbeiten mit Film und Tonband, um den Augenblick möglichst im Original festzuhalten. Bei beiden Überlegungsblöcken ist das Ergebnis dasselbe. Dieses Ergebnis stellt die Erlösung dar, das Ende des Leidensweges. Das Weltbild Anselms ist fertig: Vergangenheit und Zukunft sind bedeutungslos. Bedeutung hat einzig und allein der Augenblick. Ihn muß man genießen. Das Einhorn ist nun besiegt. Anselm hat einen ‚gottähnlichen' Zustand erreicht. Aus Hast und Unruhe ist nun Ruhe und Genuß des Augenblicks geworden. Aus Dynamik ist Statik geworden."
(Es wäre natürlich weiter zu fragen, ob dieser Zustand nicht wieder ironisch aufgehoben ist.)

Textvergleich: Peter Bichsel, „Erklärung"
Sarah Kirsch, „Engel"

Beide Sprachstücke diagnostizieren (die Gefährdung?) menschliche(r) Zustände, Empfindungen, Glaubenshaltungen, Verhaltensweisen, indem sie etwas erklären oder beschreiben. Der Gegenwart (Passiv) des Engels bei Sarah Kirsch ordnet sich die Wirklichkeit (Indikativ) des Schnees bei Bichsel zu, den Möglichkeiten (Konjunktiv) des Schnees bei Bichsel kann die Vergangenheit (Aktiv) des Engels bei Sarah Kirsch zugeordnet werden. Beide Stücke könnten sowohl in Prosa als auch in Gedichtzeilen gesetzt sein. Bichsel zieht das erste vor, Sarah Kirsch das zweite.

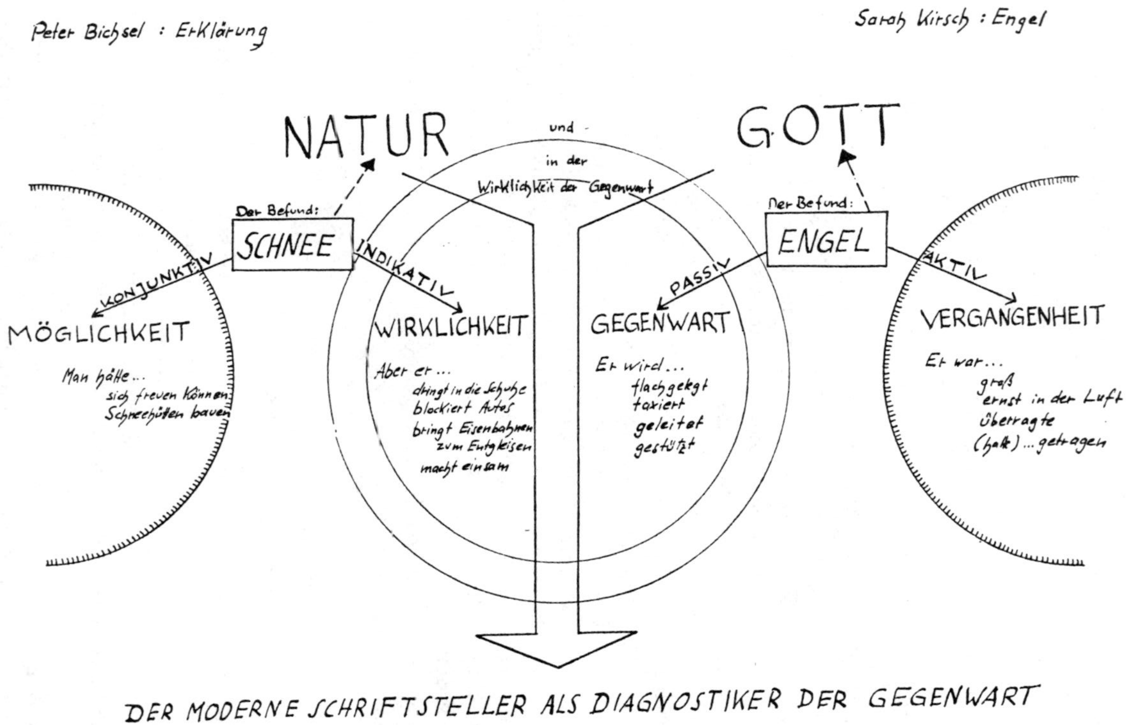
Peter Bichsel : Erklärung
Sarah Kirsch : Engel
NATUR
und
GOTT
in der
Wirklichkeit der Gegenwart
Der Befund:
SCHNEE
Der Befund:
ENGEL
KONJUNKTIV
INDIKATIV
PASSIV
AKTIV
MÖGLICHKEIT
Man hätte ...
sich freuen können
Schneehütten bauen
WIRKLICHKEIT
Aber er ...
dringt in die Schuhe
blockiert Autos
bringt Eisenbahnen
zum Entgleisen
macht einsam
GEGENWART
Er wird ...
flachgelegt
taxiert
geleitet
gestützt
VERGANGENHEIT
Er war ...
groß
ernst in der Luft
übertragte
(halt) ... getragen
DER MODERNE SCHRIFTSTELLER ALS DIAGNOSTIKER DER GEGENWART

Bild 42

Sarah Kirsch stellt uns einen abgetakelten Engel vor. Man weiß nicht, wohin mit ihm ... er wird „taxiert", war unterwegs „ins Antiquitätengeschäft", aber keiner braucht einen „so großen Engel" – „Kühlschrank, Tisch oder Brotschneidemaschine" sind in der Küche wichtiger –, zum Leben brauchen wir diese Dinge, nicht den Engel. „Im Taxi" wird er transportiert, „flach gelegt" aber, denn er ist auch hier zu groß: Die Maße dieser unserer Welt stimmen nicht mehr für ihn. Sind wir auf uns selbst zusammengeschrumpft, oder haben wir uns auf unsere eigene Größe besonnen?

In einen Garten wird er „geleitet", wird „gestützt", er, der früher die Menschen geleitet und gestützt hatte. Zwar „stand er noch ernst in der Luft, überragte, die ihn stützten", aber es ist nur eine wehmütige Erinnerung an vergangene Zeiten. Er ist nicht mehr bei uns, denn „nichts" vermag „seine Augen" noch zu „erreichen"; „verblaßte Goldreste", fehlende „Flügel", die Achtsamkeit seiner Transport-„Führer", damit er sich nicht „zerschlüge", „leere Hände", denen „Ölzweig" oder „Saitenspiel" wohl entfallen sind –: das sind die äußerlichen Zeichen einer in ihrer Glaubenswertigkeit abgetakelten Figur. Früher brauchten ihn die Menschen, jetzt braucht er sie.

Wir verdeutlichen dies in der Skizze (Bild 42), indem wir den „Befund" Engel (gleichsam ein Katalogstichwort ohne Artikel!) aufteilen in zwei Halbkreisbereiche, deren einer die Vergangenheit kennzeichnet, deren anderer die Gegenwart.

Ob der Kindergarten wirklich ein Ausweg für ihn wäre? „Wer wüchse nicht gern mit einem Engel auf?" heißt der Schluß. Wir möchten ihn nicht missen in der Erinnerung an vergangene Zeiten, als bleibende Gegenwärtigkeit aber ist er uns hinderlich geworden.

Hinderlich geworden ist uns auch der Schnee in Bichsels *Erklärung*. Was hätte er nicht alles bringen können ... Freude, Schneehütten, Geborgenheit. Aber etwas, das nur „tröstlich" noch ist, ist das etwa noch viel? Zählt dies? Und: weiß man das überhaupt so genau noch? „Man sagt", „er halte warm" ... „Aber" wir lernen ihn anders kennen: „Er dringt in die Schuhe, blockiert die Autos, bringt Eisenbahnen zum Entgleisen und macht entlegene Dörfer einsam." Er ist uns lästig – wie der Engel; wir müssen ihn wegschaffen – wie den Engel.

Wir verdeutlichen diesen Befund Schnee, indem wir seine Möglichkeiten und die Wirklichkeit zwei Halbkreisen zuordnen. Diejenigen Halbkreishälften des Engels und des Schnees, die sich in der Interpretation entsprechen, fügen wir in einem Mittelkreis zusammen: Die Wirklichkeit des Schnees und die Gegenwart des Engels geben ein Bild von der Verhaltensweise des Menschen in

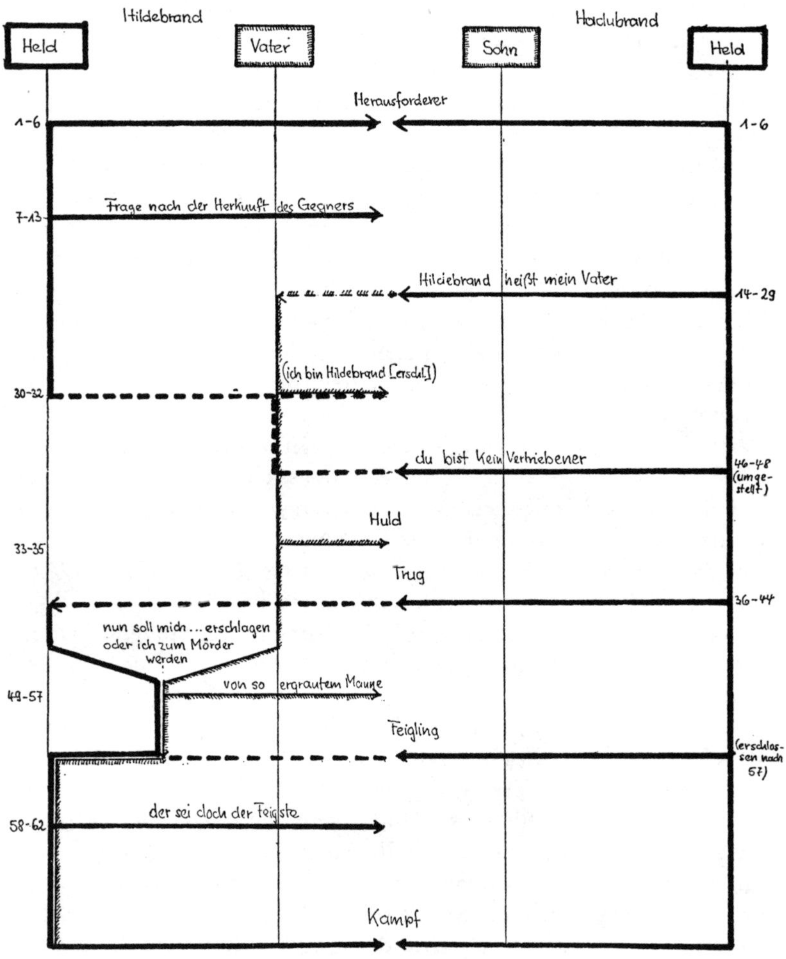

Bild 43

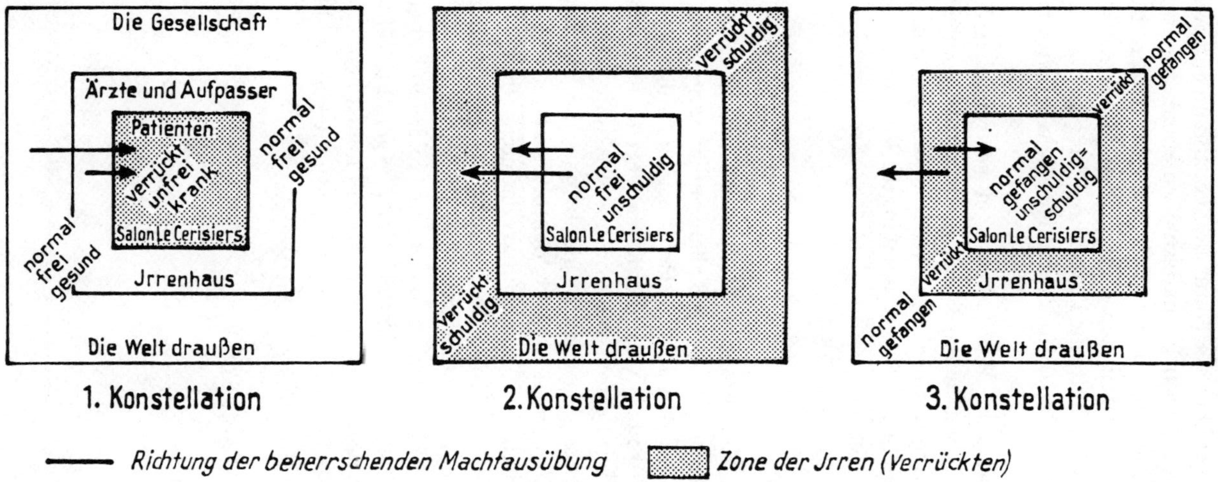

Bild 44 Dürrenmatt: Die Physiker
hier: Die paradoxe ‚Geschichte'

unserer Zeit gegenüber der Natur und Gott. Nun entsprechen sich aber die beiden anderen Halbkreishälften ebenfalls, wir lassen sie nach dem Blattrand hin offen. Wenn man das Blatt nun zu einem Zylinder schließt, fügen sich diese beiden Hälften ebenfalls zusammen, und man erhält eine Darstellung der gegenwärtigen Wirklichkeit (vorderer Kreis) und vergangener Möglichkeit (hinterer Kreis).
Interpretationsschluß: Wir haben kein vertrauliches Verhältnis mehr zur Natur, wir haben keines mehr zum Engel, dem Boten Gottes. Schnee und Engel: Entweder stören sie uns, oder wir wissen nichts mehr mit ihnen anzufangen. Wir sind (von ihnen) unabhängig geworden, selbständig, erwachsen. Sind wir damit reicher oder ärmer geworden?

Hildebrandslied

Die Beziehung Hildebrand – Hadubrand und die Entwicklung des Geschehens werden hier als Rollenkonflikt dargestellt (Bild 43); ihrer gesellschaftlichen Rolle, ‚Held' sein zu müssen, steht ihre Verwandtschaftsrolle (Vater/Sohn) entgegen. Das Handlungsschema ‚Held' wird durch Hadubrands Auskunft über seine Herkunft bei Hildebrand gestört. Er glaubt nun, die Vaterrolle übernehmen zu können, ohne seine Heldenrolle zu verlieren. Es kommt erst zum tragischen Rollenkonflikt dadurch, daß Hadubrand seine ‚Sohnrolle' aufgrund seines falschen Informationsstandes nicht realisieren kann. Hildebrand geht bis an die Grenze des gesellschaftlich Möglichen, er bittet um Huld, muß aber schließlich, als die Beleidigung fällt, als Vater gegenüber seinem Sohn die Heldenrolle erfüllen, d. h. den Kampf annehmen.
(Die am Textstand vollzogenen Konjekturen können hier nicht gerechtfertigt werden.)

Kapitel III

MÖGLICHKEIT DES STRUKTURIERENS IN ANDEREN BEREICHEN DES DEUTSCHUNTERRICHTS

Die Interpretation mit Hilfe von Strukturmodellen läßt sich bei allen Arten von Texten anwenden, nicht nur bei Dichtung. Das ist wichtig, da im Deutschunterricht ja nicht nur dichterische, sondern auch gedankliche Texte interpretiert werden. Damit übergreift diese Methode aber auch den Bereich des Deutschunterrichts und wird anwendbar in jedem Fach, das Texte analysiert. Wir selbst haben erfolgreiche Versuche in den Fächern Religion, Geschichte und Philosophie unternommen. Die Verständigungsmöglichkeit mit den Naturwissenschaften wurde bereits angedeutet. Dabei dient die Methode des Strukturierens nicht nur der Vermittlung von Erkenntnissen, sondern muß auch selbst Lerninhalt werden. Das Strukturieren ist nämlich als Grundqualifikation anzusehen, die unsere Schüler zur selbständigen Verarbeitung der vielfältigen Erfahrungen erlernen müssen. Das Strukturieren ist die „Fähigkeit, eine größere Anzahl von Informationen über einen Sachverhalt in überschaubare Schemata bringen zu können, seien es nun Tabellen, Kurven, Diagramme, Strukturskizzen“[1].
Hier sollen nun noch einige Möglichkeiten angeführt werden, das Strukturieren auch bei anderen Aufgaben als der Textanalyse im Deutschunterricht anzuwenden.

1. Die Erzähltreppe (Bild 45)

Es ist ein schwieriges Problem, eine Aufsatzart einzuführen. Viele Schüler glauben bis zum Abitur, Aufsatzschreiben sei eine Begabungssache, der eine kann's, der andere kann's nicht. Es fehlt uns im Deutschunterricht vielfach an rational völlig einsichtigen und damit auch lehrbaren Modellen. Wir wollen das am Erlebnis-

[1] Aus dem Begleitbrief zur 18. Vorlesung des Quadriga Funkkollegs Erziehungswissenschaft von H. Klafki, Weinheim–Berlin–Basel 1969, Heft 4, S. 32.

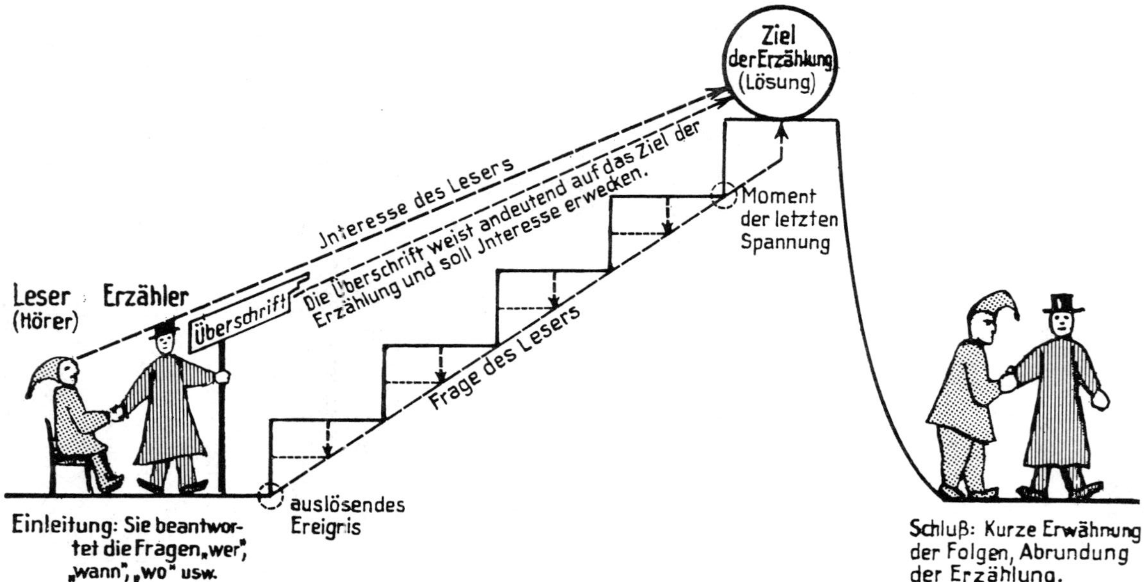
Ziel der Erzählung (Lösung)
Jnteresse des Lesers
Die Überschrift weist andeutend auf das Ziel der Erzählung und soll Jnteresse erwecken.
Leser (Hörer)
Erzähler
Überschrift
Frage des Lesers
Moment der letzten Spannung
auslösendes Ereignis
Einleitung: Sie beantwortet die Fragen „wer", „wann", „wo" usw.
Schluß: Kurze Erwähnung der Folgen, Abrundung der Erzählung.

Bild 45

aufsatz der Unterstufe verdeutlichen. Wir haben gelernt und gelehrt, die Erlebniserzählung bestehe aus drei Teilen, der Einleitung, dem Hauptteil mit dem Spannungshöhepunkt und dem Schluß. Das sucht man meist in einem wenig differenzierten Spannungsbogen optisch zu verdeutlichen. Die Erlebniserzählung muß spannend sein. Was Spannung sei, wird nicht erklärt. Auch neueste Sprachbücher[2] differenzieren hier kaum, obgleich hier schon ein Stufenmodell verwendet wird (S. 15). „Die Erzähltreppe" versucht hier einiges zu klären.

Die „Erzähltreppe" geht zwar optisch von der Spannungskurve aus, ihr Höhepunkt ist aber nicht identisch mit dem Spannungshöhepunkt. Zunächst einmal wird der Erzähler in eine Erzählsituation hineingestellt. Erzählen ist ein Dialog eines Erzählers mit seinem Hörer bzw. Leser. In diesem Dialog haben die einzelnen Teile der Erzählung, z. B. Überschrift und Einleitung, ihre bestimmte Funktion. Auch der Begriff Spannung wird aus der Dialogsituation erklärbar. Die Erzählung eröffnet mit ihrem Beginn eine Handlung, die bestimmte Probleme stellt, deren Verlauf und Ausgang noch offen sind. Der Leser wird dadurch zum Fragen angeregt, er fragt nach dem Verlauf, der Lösung der Probleme. Damit ist er aktiv am Erzählgeschehen beteiligt. Diese Beteiligung, die im Warten auf Beantwortung seiner Fragen besteht, ist seine Gespanntheit, ist Spannung, die schließlich im Ziel der Erzählung gelöst werden muß. Nun stellt zwar der Leser beim auslösenden Ereignis die Hauptfrage nach einer Lösung. Im Verlauf der Erzählung, auf den einzelnen Stufen (Erzählschritte) tauchen aber zum Teil neue Fragen auf, und Teilfragen werden beantwortet. Die letzte Stufe sollte noch einmal die Zentralfrage in den Mittelpunkt stellen, indem etwa die Vermutung auf eine dem tatsächlichen Ende entgegengesetzte Lösung gelenkt wird oder sich überraschend neue Hindernisse auftürmen (da ist der alte Spannungshöhepunkt, den wir „Moment der letzten Spannung" nennen in Analogie zu G. Freytags Dramenpyramide).

Die Anwendungsmöglichkeiten im Unterricht sind reich:

a) Kontrolle von Schüleraufsätzen. Jeder Schüler kann anhand der Erzähltreppe nachprüfen, ob in seiner Erzählung oder in der

[2] Zum Beispiel: Wort und Sinn, Sprachbuch Nr. 1, Verlag F. Schöningh, Paderborn 1966.

des Mitschülers die Erzählschritte logisch aufeinander folgen, ob kein Ereignis in der Luft hängt, ob eine Lücke in der Treppe ist. Es kann nachgeprüft werden, ob der Leser genügend Anlaß zum Fragen hat, ob seine Fragen auch tatsächlich beantwortet werden.

b) Isolierung von Erzählteilen. Die Erzähltreppe ermöglicht es, einzelne Teile der Erzählung zu isolieren und ihre Funktionen zu üben. So kann die Aufgabe z. B. lauten, zu einem gestellten Thema ein auslösendes Ereignis auszuarbeiten. Gerade diese Möglichkeit ist für den schwächeren Schüler von großem Vorteil. Seine Aufmerksamkeit kann zunächst auf einen begrenzten, ihm noch überschaubaren Abschnitt gelenkt werden.

c) Hilfe zur Interpretation. Die Erzähltreppe kann auch Interpretationsmodell bei der Analyse von Geschichten und Erzählungen des Lesebuchs oder ähnlichem sein. Auch wo dieses Modell nicht paßt, kann eine Diskussion zu einer den jeweiligen Text treffenden Variation oder zu einem gänzlich neuen Modell führen.

2. Die Zeiten des Erzählens (Bild 46)

Hier wird ein Spezialfall der Erzählung und zugleich ein Thema der Grammatik dargestellt: die Zeiten des Verbums und ihre Anwendung. Natürlich wissen wir, daß eine Schematisierung des Zeitgebrauchs sehr problematisch ist, daß die Zeiten in Wirklichkeit sehr verschiedene Funktionen haben. Ein gewisses Ordnungsschema, das selbstverständlich viele Aspekte ausklammert, sind wir unseren Unterstufenschülern aber schuldig. Im folgenden stützen wir uns auf Erkenntnisse der Grammatiken des Dudenverlages, J. Erbens und W. Schmidts.[3]
Drei Zeiten werden, zusammen mit ihren Vorzeiten, in ihrem relativen Gebrauch gezeigt, indem sie in einer Geschichte nicht vom Leser, sondern vom Erzähler aus beurteilt werden. Gegenwart ist nicht absolut, sondern Gegenwart eines Sprechenden. Präsens in der Erzählung kann also Gegenwart des Erzählers oder Gegenwart eines in der Geschichte Sprechenden (z. B. direkte Rede) sein.

[3] Der große Duden, Bd. 4 Grammatik, Mannheim 1966; Johannes Erben, Deutsche Grammatik, Frankfurt 1968 (Fischerbuch 904); Wilhelm Schmidt, Grundfragen der deutschen Grammatik, Berlin, Volk und Wissen 1967.

Dies gilt für allle Zeiten des Verbums. Unser Modell erleichtert es dem Schüler, beim Schreiben einer Erzählung die Zeiten seiner Verben zu kontrollieren. Zugleich ist aber schon ein Verständnis für das Zeitproblem beim Erzählvorgang überhaupt angebahnt, wie es für die Interpretation später sehr wichtig sein kann (vgl. Modellgruppe 1).

3. Satzmodell (Bild 47)

Bei der Analyse grammatischer Probleme ist das Strukturmodell vielfältig anwendbar. Die strukturelle Grammatik arbeitet viel mit optischer Darstellung (vgl. etwa die Veröffentlichungen der Arbeitsstelle für strukturelle Grammatik in Ostberlin mit ihrer Reihe *Studia grammatika*). Auch im Unterricht bedienen sich konservative wie progressive Methodiker solcher Darstellungen. Vielfältig verwendbar sind so die Satzfiguren, die Erika Essen in ihrer *Methodik des Deutschunterrichts* einführt.[4]

Wir haben hier ein Modell entwickelt, das vor allem das Verhältnis von Wortarten und Satzgliedern darstellt. Die Wortarten sind in verschiedenfarbigen Kreisen symbolisiert. Die größten Kreise stellen Subjekt und Prädikat dar. Je nach dem Grad ihrer Abhängigkeit von diesem Satzkern werden die Kreise kleiner. Es stellt sich bei der Untersuchung der Erweiterungsmöglichkeiten heraus, daß grundsätzlich auf der attributiven wie prädikativen Seite die gleichen Wortarten oder Wortartkombinationen möglich sind. Diese Erweiterungen sind die Satzglieder, die zum Satzkern stoßen. Zu jeder Erweiterung können natürlich wieder Ergänzungen nach dem gleichen Prinzip wie zu Subjekt und Pradikat treten.

Mit Hilfe dieses Satzmodells laßt sich jeder nicht allzu komplizierte Satz analysieren. Das ist für die Einsicht in den Bau der Sprache wichtig, kann aber auch für die Stilbildung fruchtbar gemacht werden. Die Schüler sehen z. B. die Gliedfunktion der Nebensätze, und es können Transformationsübungen, z. B. Ersatz eines Kausaladverbiale durch einen kausalen Gliedsatz, angestellt werden. Noch eine Bemerkung zur Handhabung im Unterricht: Dieses Satzmodell wurde aus Pappscheiben mit Filzbelag ausgeschnitten. Auf einer Tuchtafel kann so vor der Klasse gearbeitet

[4] Akademie-Verlag, Berlin–Heidelberg 1962, S. 89ff. Vgl. jetzt Sprachbuch 5 und 6, Verlag Klett, Stuttgart 1970 und 1971.

werden, ohne daß jede Korrektur eine langwierige Tafelwischprozedur erfordert. Überdies hat jeder Schüler selbst einen Satzbaukasten aus bunten Pappscheiben und grüngefärbten Stäbchen (Beziehungspfeile) und muß jeden Satz auf seiner Bank mitlegen.

4. Die Geschehensumstände im Satz (nach Glinz) (Bild 48)

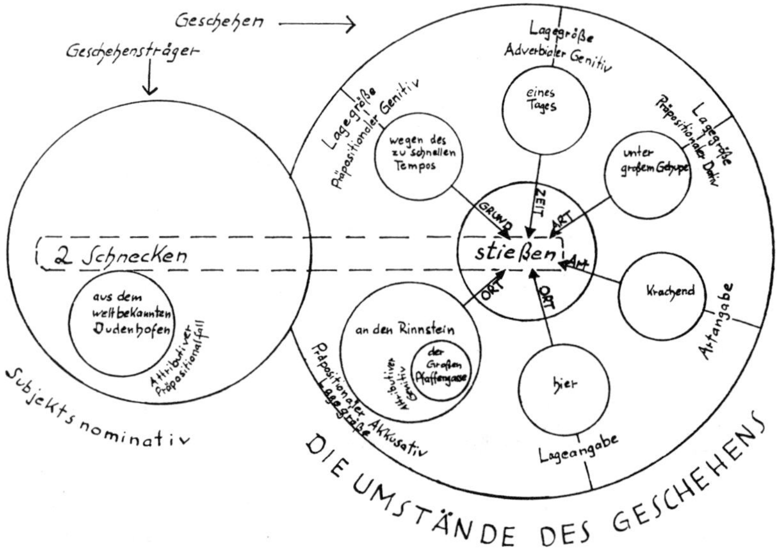

Bild 48

5. Strukturelle Begriffsdefinition (Bild 49)

Die optische Darstellung von Wortfamilien und Wortfeldern ist bekannt. Vielfältig sind auch die Möglichkeiten, einen Begriff, seine Bestandteile und seinen Umkreis durch eine Strukturzeichnung zu definieren.

Unser Beispiel ist die Definition des Begriffs „Held“. Diese Aufgabe hatten wir gestellt, als im Anschluß an die Behandlung der altdeutschen Heldendichtung die neuzeitlichen Versionen des Heldenbegriffs kritisch betrachtet werden sollten. Zuerst wurde nach den notwendigen Eigenschaften dessen, den man als Held bezeichnet, gefragt. Diese Eigenschaften gehören verschiedenen „Schichten“ der Person an, der ethischen Schicht, der psychologischen und der physischen (biologischen). Diese Eigenschaften

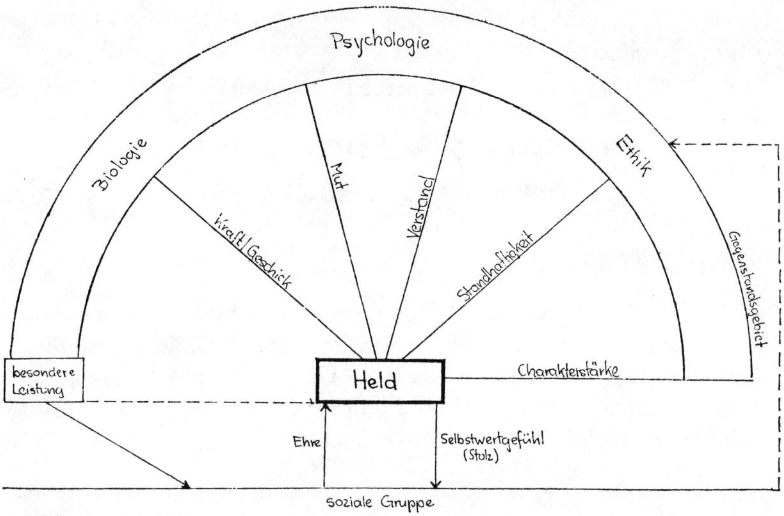

Bild 49

sind Vorbedingungen einer bestimmten Leistung (Tat), vereinigen sich zu ihr. Diese Leistung ist nun aber nichts Isoliertes, sondern geschieht für eine soziale Gruppe, der gegenüber der Täter der Held ist, die ihm gleichsam das Prädikat „Held" verleiht. „Held" ist man also immer gegenüber einer genau zu definierenden Gruppe, die Anerkennung durch die Gruppe bedingt dann den Grad des Selbstwertgefühls des „Helden".

Kapitel IV

GEFAHREN BEI DER ARBEIT MIT STRUKTURSKIZZEN

Punkte der Kritik:

a) Unsere Strukturskizzen sind zweidimensional, viele strukturelle Beziehungen sind aber mehrdimensional gedacht, müßten stereometrisch gezeichnet werden. Über die Möglichkeit der Anwendung stereometrischer Figuren haben wir noch keine Erfahrung. (Ansätze vgl. Kap. II, Brecht.)

b) Die graphische Anordnung des Strukturmodells verführt zu künstlichen Symmetrien und Proportionen. Die Gefahr besteht, daß eine bildliche Darstellung eigene Gesetzlichkeiten entwickelt, einen Zwang ausübt, daß dabei aber die Beziehung zum Text leidet. Ganz wird sich dies nie vermeiden lassen. Fast jede Skizze hat eine eigene Redundanz, die keine Beziehung mehr zum Text hat (d. h. nicht zum Informationsgehalt gehört), sondern dem Material der Skizze entspringt. Aus diesem Grund muß es bewußt bleiben, daß jede Skizze nur eine Hilfskonstruktion ist, daß ihr Eigenleben eingeschränkt bleiben muß. Merkt man, daß die Skizze sich zu weit vom Text entfernt, so daß die Gefahr besteht, Strukturen zu zeichnen, die der Text nicht enthält, so ist dies ein Zeichen dafür, daß man noch nicht die adäquate graphische Form für die Struktur gefunden hat. In vielen Fällen ist es dabei gut, auf eine Skizze zu verzichten.

c) Auch eine gelungene Strukturskizze birgt große Gefahren: Eine Skizze betrifft immer nur einen Teil oder wenige Aspekte des Textes. Verabsolutiert man aber diese, so versperrt man sich mögliche andere Zugänge, die Interpretation wird eingleisig, hat nicht mehr die notwendige Offenheit. Um diese Offenheit geht es auch bei der Anwendung von Strukturskizzen im Unterricht. Zwar erhält der Unterrichtsverlauf durch eine Skizze einen klaren Ablauf, doch darf das nicht dahin führen, daß der Unterricht nicht mehr offen ist für spontane Ansätze und Einfälle der Schüler. Auch die Skizze selbst muß so angefertigt werden, daß sie genug Spielraum für Änderungen und Variationen hat. Es wird wohl selten eine Stunde geben, an deren Ende das Strukturmodell an der Tafel ganz mit dem vom Lehrer vorbereiteten identisch ist (auch wenn dieses von ihm vorher schon mehrfach erprobt sein sollte!). Solche Veränderungen, die Schüler fordern, sind in den allermeisten Fällen Verbesserungen, oder sie decken die in einer Skizze enthaltenen Schwächen schonungslos auf.

d) Die Logik des Strukturmodells muß den Schülern absolut einsichtig sein. Sehr oft geschieht es, daß die Schüler die Graphik des Modells als unnatürlich und willkürlich empfinden.

e) Ein häufiger Vorwurf wird wohl sein – wir hörten ihn auch oft von Kollegen –, daß wir mit unserer Methode den Text als Dichtung ‚erledigen' ![1]

Gegenargumente:

a) Wir verstehen unsere Methode als eine unter möglichst vielartigen. Sie darf nicht zur einzigen gemacht werden, sondern muß ergänzt werden durch Formen, bei denen nicht ‚seziert' wird, sondern das Dichtwerk als Ganzes zum Erlebnis werden kann, was immer man auch darunter versteht.

b) Die Strukturanalyse vermeidet Nachteile anderer Methoden:
   1. ein wahlloses Hantieren mit der ‚Außenseite' des objektiven Textes, das sich meist in der Beschreibung von Metren, Rhythmus, Reim, Metaphorik und Inhalt erschöpft, was dann bei der Interpretation des ‚Gehalts' nicht mehr herangezogen oder aber in völlig unkontrollierter Weise zur ‚Deutung' gebraucht wird;
   2. das vorschnelle Suchen nach Bedeutungen, die Etikettierung des Textes, damit aber auch seine ‚Erledigung'.

c) Strukturanalyse ist sachliche Arbeit am Text. Es bedeutet nach unserer Meinung eine einseitige, ideologisch belastete Voreingenommenheit, diese eo ipso zu verketzern. Wir wollen dabei noch nicht einmal als Gegenargument anführen, daß viele

[1] Vgl. auch „Das Fach, das Dichtung erledigt", in: K. Rumpf, Die Misere der höheren Schule.

Texte eben Ergebnisse einer bis ins letzte bewußten Konstruktion sind (auch Texte, die im ‚furor poeticus' entstanden, enthalten Strukturen, die objektivierbar sind), sondern daß ein guter Text eine solche Analyse einfach aushalten muß, ohne dabei an Wirkung einzubüßen. „Zerpflücke eine Rose und jedes Blatt ist schön", argumentiert Bert Brecht.[2] Es ist auch einfach nicht wahr, daß mehr Wissen über die Gestaltung des Dichtwerks dem emotionalen Kontakt eines Lesers zum Werk hinderlich ist. Im Gegenteil: Der Genuß steigt, und der aktuelle Appell wird deutlicher. Gerade für die Schüler ist eine sachliche Arbeitsweise vonnöten. Andere, ‚ganzheitliche' Arten der Begegnung von Leser und Dichtung fordern eine spontane Bereitschaft des Lesers zur Kommunikation. Eine solche besteht aber bei der Mehrzahl unserer Schüler nicht (die Ursache hierfür einzig auf den Deutschunterricht zurückzuführen ist zu simpel). Sie kann bei manchem aber durch die Einsicht in die ‚Technik' des Werkes, die natürlich ein Verlust an unmittelbarer Wirkung und eine gewisse Manipulierbarkeit zur Folge hat, gebildet werden. Manipuliert der unkontrollierte Umgang mit dem Text diesen nicht oft in noch höherem Maße? Th. S. Eliot schreibt, daß nur „in der frühesten Poesie oder auf den niedersten Stufen poetischer Empfänglichkeit" ... „die Aufmerksamkeit des Hörers auf den Gegenstand gerichtet" sei; „die Wirkung der dichterischen Kunst wird empfunden, ohne daß sich der Hörer dieser Kunst voll bewußt ist. Mit der Entwicklung des Bewußtseins von der Sprache wird eine zweite Stufe erreicht, auf der der Hörer, der zu dieser Zeit schon zum Leser geworden sein mag, ein zweifaches Interesse verspürt, nämlich ein Interesse an der Geschichte als solcher und an der Art, wie sie erzählt wird." Eine vollkommene Unbewußtheit würde uns „gänzlich von der Poesie wegführen"[3].

[2] Über das Zerpflücken von Gedichten, in: Über Lyrik, edition suhrkamp 70, S. 119.
[3] In: Theorie der modernen Lyrik, hrsg. v. W. Höllerer, rde 31–33, S. 254.

Kapitel V

ERKENNTNISTHEORETISCHE BESTIMMUNG DER STRUKTURSKIZZE

Mit Theodor Wilhelm glauben wir, „daß die Interpretation der geistigen Welt in viel stärkerem Maße eine rationale Aufgabe ist, als die emotionale künstlerische Verstehenstradition der deutschen Pädagogik vermuten ließ und daß sich das Interpretieren deshalb systematisch lernen läßt"[1]. Interpretation kann aber nur gelehrt werden, wenn man Methoden vermittelt, die jeder durchschnittlich begabte Schüler (und nicht nur der zufälligerweise literarisch interessierte Schüler) einsehen und auch anwenden kann. Soll Literaturbetrachtung an unseren Schulen noch eine Berechtigung haben, muß sie aufhören, Sache einer kleinen Schicht Privilegierter zu sein – nämlich solcher Schüler, denen sie aus irgendwelchen Gründen ‚liegt', die ‚eine musische Ader' haben.

Jedoch wo sind solche Methoden? – Sie existieren zu einigen wenigen Teilgebieten in einigen wenigen Monographien. Eine systematische Entwicklung und Darstellung objektiver Interpretationshilfen ist noch nicht geleistet. Die starke Betonung des hermeneutischen Problems innerhalb der Geisteswissenschaften – so ertragreich sie war – hat für die konkrete Arbeit am Text wenig beigetragen, ja geradezu den Blick davon abgelenkt, daß jeder Text nicht nur geschichtlich ist, sondern auch objektive Seiten hat. Es soll damit nicht behauptet werden, es sei diese objektive Seite überhaupt unberücksichtigt geblieben: Literaturwissenschaftler wie H. Meyer, Kayser, Lämmert und Stanzel haben hier Bedeutendes geleistet, jedoch ist es bisher noch nicht zu einer zusammenfassenden methodischen Reflexion gekommen. Dabei liegt diese durchaus in der Luft: Neuere literaturwissenschaftliche Arbeiten gebrauchen mit Vorliebe den Begriff „Struktur" – besonders im Titel. Die Herkunft dieses Wortes aus dem ‚Bauhandwerk' läßt vermuten, daß bei einer Strukturbetrachtung das rationale Moment

[1] Theodor Wilhelm, Theorie der Schule, Stuttgart 1967, S. 350.

überwiegt. Tatsache aber ist, daß ‚Struktur' ein wissenschaftliches Modewort geworden ist, das eine ganze Skala von Bedeutungen haben kann, mit dem sich aber in den wenigsten Fällen konkrete Vorstellungen verbinden. Wir wollen versuchen, die erkenntnistheoretische Relevanz des Strukturbegriffs zu skizzieren.

1. Definition des Strukturbegriffs

Wir schließen uns an die Definition des Begriffs ‚Struktur', wie sie in der Mathematik, der Logik und den Naturwissenschaften unternommen wurde, an. Über die Möglichkeit der Übertragung auf die Literaturbetrachtung wird später entschieden. Es kann aber schon gesagt werden, daß eine solche Übertragung nicht prinzipiell unmöglich ist, da es im mathematisch-naturwissenschaftlichen Bereich allein um objektive, übertragbare Aussagen und Kennzeichnungen geht, wir aber gerade auch die objektive Seite eines literarischen Textes eindeutig erfassen wollen.[1a]
Wir gehen aus von der Definition, die Rudolf Carnap in seinem 1928 erschienenen Werk *Der logische Aufbau der Welt*[2] gibt. Struktur ist bei Carnap der „Inbegriff aller formalen Eigenschaften von Beziehungen zwischen Gegenständen"[3]. Der Begriff ‚Gegenstand' wird dabei im weitesten Sinne gebraucht, für „alles das, worüber eine Aussage gemacht werden kann"[4]. „Unter den formalen Eigenschaften einer Beziehung verstehen wir solche, die sich ohne Bezugnahme auf den inhaltlichen Sinn der Beziehungen und auf die Art der Gegenstände, zwischen denen sie besteht, formulieren lassen."[5] „Was die Glieder und die Beziehungen dieser Formen sind", wird nicht gesagt.[6] Strukturbeschreibung dient dabei der „Kennzeichnung" eines Gegenstandes durch die Angabe der Relationen zu anderen Gegenständen eines bestimmten Gegenstandsgebietes.[7] Die strukturelle Kennzeichnung ersetzt dabei die „Aufweisung" des Gegenstandes.[8] Während die Definition eines ‚Gegenstandes'

[1a] Wir haben diesen Ansatzpunkt gewählt, da er klar ist, weit ab von aller ideologischen Diskussion, die sich z. B. um den französischen Strukturalismus entzündet hat.
[2] Rudolf Carnap, Der logische Aufbau der Welt, Berlin-Schlachtensee 1928.
[3] Carnap, a.a.O., S. 11 u. 13. [4] A.a.O., S. 1.
[5] A.a.O., S. 13, vgl. auch Felix von Cube, Was ist Kybernetik?, Bremen 1967, S. 161.
[6] Carnap, a.a.O., S. 15. [7] A.a.O., S. 18.
[8] ‚Aufweisung', d. i. „der Gegenstand wird wahrnehmbar gemacht und durch eine hinweisende Gebärde bezeichnet" a.a.O., S. 16.

(besser ‚unbestimmten Gegenstandes') in der Mathematik durch logische Deduktion aus den Axiomen (‚implizite Definition') geschieht, betrifft die „strukturelle Kennzeichnung" einen einzigen Gegenstand eines empirischen, „außerlogischen Gebietes".[9] Die Aussagen über diesen Gegenstand sind dann nicht, wie bei dem implizit definierten Gegenstand, sämtlich analytisch, d. h. aus den definierten Aussagen deduzierbar, sondern zum Teil auch synthetisch, nämlich empirische Befunde in dem betreffenden Gegenstandsgebiet. Durch strukturelle Kennzeichnung haben wir die Möglichkeit, einen Gegenstand durch die Zuordnung zu einem anderen in seinen Elementen zu definieren.[10]"
Strukturelle Beziehungen bestehen auch zwischen Gegenständen verschiedener Gegenstandsbereiche und verschiedener Qualitäten. Carnap unterscheidet u. a. physische, psychische und geistige Gegenstände.[11] Diese können untereinander in einer Ausdrucks- oder Zeichenbeziehung stehen. Geistige Gegenstände können z. B. in psychischen Vorgängen in Erscheinung treten („Manifestationsbeziehung"), ebenso kann ein physischer Gegenstand „Manifestation eines geistigen sein" („Dokumentation").[12] Zwischen solchen Gegenständen verschiedener Gegenstandsbereiche besteht weiter eine erkenntnismäßige Beziehung, in dem Sinne nämlich, „daß ein Gegenstand (bzw. eine Gegenstandsart) erkenntnismäßig primär" heißt in bezug auf einen anderen, den „erkenntnismäßig sekundären".[13] Alle geistigen Gegenstände sind dann erkenntnismäßig sekundär, da sie zurückführbar sind auf Manifestation und Dokumentation.[14] So steht auch z. B. der ästhetische Sinngehalt eines Kunstwerks in eindeutiger Funktionalbeziehung zu seiner physischen Beschaffenheit, er ist kein Sein neben der Wahrnehmung, sondern „ist durch das sinnlich Wahrgenommene ein-

[9] A.a.O., S. 19ff., dem entspricht auch, wie Arthur March den Begriff ‚Struktur' für die Physik definiert, nämlich als „Gesamtheit von Beziehungen, die mit den Begriffen der Mathematik, also entweder zahlenmäßig oder geometrisch beschreibbar sind". „Meßoperationen" führen zu „charakteristischen Konstanten", welche die Beziehungen regeln und die Struktur charakterisieren. In: Arthur March, Die physikalische Erkenntnis und ihre Grenzen, Braunschweig 1960², S. 3ff.

[10] Carnap, a.a.O., S. 19

[11] A.a.O., S. 23–33, Carnap erwähnt u. a. auch ‚ethische Gegenstände' (33), denkbar sind auch soziologische Gegenstände.

[12] A.a.O., S. 31.

[13] A.a.O., S. 13.

[14] A.a.O., S. 75 u. 76.

deutig bestimmt".[15] (Wenn hier behauptet wird, daß geistige Gegenstände auf physische und psychische zurückzuführen sind, dann ist dabei nur der Erkenntnisvorgang gemeint, die logische Zurückführbarkeit, nicht aber, daß geistige Gegenstände aus psychischen usw. zusammengesetzt sind; sie sind durchaus im geisteswissenschaftlichen Sinne „Gebilde eigener Art".[16])

2. Struktur und Modell

Da Struktur formale Beziehungen zwischen Gegenständen meint und nicht inhaltliche Beschreibung, kann diese Struktur auch, abgesehen von diesen Gegenständen, abstrakt dargestellt werden. Carnap erwähnt dabei die Darstellungsweise durch eine „Pfeilfigur": „Die Beziehungsglieder werden durch Punkte dargestellt, von jedem Punkt geht ein Pfeil zu denjenigen anderen Punkten, zu denen der erste in der darzustellenden Beziehung steht."[17] Natürlich sei die ganze Angabe einer einzelnen Struktur auch ohne figürliche Hilfe möglich. „Doch dürfen wir uns für unseren Zweck ruhig der Veranschaulichung durch die Pfeilfigur bedienen, da diese in allen Fällen, wo sie gezeichnet werden kann,[18] die Struktur genau wiedergibt, und alles Grundsätzliche auch des allgemeinen Strukturbegriffs sich an ihr findet."[19]
Die konsequente Anwendung dieses „Strukturalismus" ist die Kybernetik. Ihre Begriffe (z. B. Regelung, Information) „beschreiben Beziehungen zwischen den Elementen eines Systems"[20]. Dabei geht es aber nicht nur um die Darstellung solcher Strukturen, sondern um deren Anwendung. Eine solche Anwendung ist die Abbildung im Modell. Diese Abbildung kann innerhalb dreier „Bildebenen" geschehen: in der physischen (z. B. Rechenautomaten), der vorstellbaren (Pfeilfigur) und in der begrifflichen Ebene. „Demgemäß werden ‚sinnlich wahrnehmbare', ‚vorstellbare' und ‚verbale' Modelle unterschieden."[21] Wichtig ist die Frage, in welchem ontologischen Verhältnis die Struktur zu dem Wirklichkeitsbereich (Gegenstand) steht, den sie kennzeichnet. Wir zitieren dazu F. v. Cubes Definition des Modellbegriffs: Im Modell wird nicht der Forschungsgegenstand selbst abgebildet,

[15] A.a.O., S. 15
[16] A.a.O., S. 16.
[17] A.a.O., S. 13ff.
[18] Bei endlicher Gliederzahl.
[19] A.a.O., S. 14.
[20] F. v. Cube, a.a.O., S. 161.
[21] F. v. Cube, a.a.O., S. 163.

„sondern nur das Beziehungsnetz zwischen den Elementen dieses Gegenstandes, d. h. also die Struktur. Eine Struktur ist aber kein ‚Abbild des Originals mehr'. „Ein Modell in diesem Sinne ist damit nicht ein Abbild eines Forschungsgegenstandes, sondern eine in einem gegebenen oder konstruierten Wirklichkeitsbereich realisierte Struktur, wobei diese Struktur aus demselben oder auch einem anderen Wirklichkeitsbereich durch Abstraktion gewonnen wurde."[22]

Wir fassen zusammen:

a) Der Strukturbegriff spricht nicht von Inhalten, sondern von Beziehungen von Gegenständen zueinander
b) Mit Hilfe der strukturellen Kennzeichnung kann ein Gegenstand innerhalb eines Gegenstandsgebietes eindeutig identifiziert werden, indem seine Relationen zu anderen Gegenständen dieses Gebietes angegeben werden
c) Die Beziehungselemente eines Struktursystems können aus qualitativ verschiedenen Gegenstandsbereichen stammen und in einem Zuordnungsverhältnis zueinander stehen. Dabei ist die erkenntnismäßige Primarität zu beachten
d) Strukturen können in Modellen abgebildet werden
e) Modelle wie z. B. die ‚Pfeilfigur' bilden nicht den Gegenstand selbst ab, sondern kennzeichnen ihn, indem sie ihn in seinen Relationen schematisch darstellen.

3. Die Strukturen des Wortkunstwerks

Das Ausgeführte muß nun in bezug auf das Wortkunstwerk präzisiert werden, obgleich jetzt schon klar sein dürfte, daß der Anwendung dieses Strukturbegriffs auf den Gegenstand ‚Wortkunstwerk' oder auf Gegenstände innerhalb dessen nichts mehr im Wege steht. Vor allem sind ausdrücklich auch zeichenhafte Zuordnungen von psysischen und geistigen Gegenständen einbegriffen. Max Bense schreibt so z. B. pointiert: „Jede extentionale Realität, die ästhetische wie psysikalische, ist mathematisch beschreibbar; ihre arithmetischen oder geometrischen (statistischen oder topologischen) Strukturen gehören zum Wesen ihres manipulierbaren und determinierbaren Aufbaus aus materialen Ele-

[22] F. v. Cube, a.a.O., S. 163.

menten."[23] Es ist nun aber schwer, konkrete Ansatzmöglichkeiten für eine sinnvolle Strukturbeschreibung zu finden; denn es geht uns ja nicht darum, jeden beliebigen Gegenstand im Wortkunstwerk zu kennzeichnen, sondern nur solche, die seinen Kunstcharakter ausmachen oder zu ihm beitragen. Eine Phänomenologie des Kunstwerks müßte vorausgehen. Dazu fehlen uns alle Voraussetzungen, wir wollen und können hier nur einige Rahmenhinweise geben, innerhalb welchen Spielraums Strukturen relevant sind. Nicht jede sprachliche Gestaltung von Wirklichkeit ist schon ein literarisches Kunstwerk. Der Wesensbestimmungen von ‚Dichtung' sind unzählige. In unserem Zusammenhang ist besonders eine der Minimaldefinitionen interessant, die nach Max Bense und Rul Gunzenhäuser ein Objekt erfüllen muß, um ein Kunstwerk zu sein, d. h. „neben physikalischer Realität auch ästhetische zu besitzen".[24] „In Kunstwerken müssen Ordnungsrelationen vorhanden und nachweisbar sein. Die Ordnung und Anordnung der Zeichenelemente sind die Bestimmungsstücke der Gestaltung eines Kunstwerks."[25] Max Bense erklärt genauer, was mit „Ordnungsrelationen" gemeint ist: „Ästhetische Prozesse (Gestaltungsprozesse, Zeichenprozesse, Ordnungsprozesse) verlaufen in Richtung der Entwicklung ‚unwahrscheinlicher Zustände',[26] also ‚ungleichmäßiger Verteilungen' bzw. ‚partieller Ordnung' oder ‚Anordnung' der materialen, selektierbaren Elemente, nicht ‚Mischung', sondern ‚Entmischung' gehört zur Charakteristik ihrer Verteilung, eine zunehmende Reduzierbarkeit der ‚Beliebigkeit' und ‚Unbeliebigkeit' des disponiblen Materials."[27]
Um diese Ordnungen geht es uns. Um sie aber erkennen zu können, müssen wir wissen, wie sie zustande kommen, wodurch sie bedingt sind. Wie wird aus ‚Beliebigkeit' ‚Unbeliebigkeit'? Was wird ‚entmischt'? – Die Wirklichkeit. Diese Wirklichkeit liegt uns als ein komplexes Gebäude der vielfältigsten Gegenstände und ihrer Relationen vor. Wir erleben diese Wirklichkeit als ungegliedert, beliebig. Ungegliedertheit meint dabei nicht, daß die

[23] Max Bense, Zusammenfassende Grundlegung moderner Ästhetik, in: Mathematik und Dichtung, hrsg. von Helmut Kreuzer und Rul Gunzenhäuser, München ²1967, S. 331.
[24] Rul Gunzenhäuser, Informationstheorie und Ästhetik, in: Kybernetik, hrsg. von Helmar Frank, Frankfurt/M. 1966⁶, S. 285.
[25] Gunzenhäuser, a.a.O., S. 286. [26] Im Sinne der ‚Entropie'.
[27] M. Bense, a.a.O., S. 324.

Gegenstände isoliert sind, sondern Relationen in zu vielen verschiedenen Richtungen haben, so daß keine sich als besonders kennzeichnend heraushebt. Diese Wirklichkeit dient dem Dichter als Material, als Stoff. Er zerlegt diesen Stoff in seine Bestandteile und setzt sie dann wieder zusammen, wobei dieser Vorgang zugleich einem Abstraktionsprozeß gleichkommt. Es werden nämlich nur noch jene Relationen gebraucht und wieder realisiert, die nach Meinung des Autors einen Gegenstand hinreichend und wesentlich kennzeichnen. Der Dichter legt also zunächst die Struktur seines Materials frei. Roland Barthes schreibt: „Das Ziel jeder strukturalistischen Tätigkeit, sei sie nun reflexiv oder poetisch, besteht darin, ein ‚Objekt' derart zu rekonstruieren, daß in dieser Rekonstruktion zutage tritt, nach welchen Regeln es funktioniert (welches seine ‚Funktionen' sind)."[28] Das literarische Werk selbst ist dann als ‚Modell', als ‚Abbild' der Struktur (Barthes: „Simulacrum") zu betrachten. Der Verfertiger von Kunstwerken „nimmt das Gegebene, zerlegt es, setzt es wieder zusammen."[29] Dieses Modell unterscheidet sich zunächst dadurch von der Wirklichkeit, daß die Gegenstände und Bezüge in ihm endlich sind, es ist „kategorial abgerundet".[30] Bei der strukturellen Kennzeichnung eines Gegenstandes innerhalb dieses Modells können grundsätzlich aber die gleichen Methoden gebraucht werden wie in der Wirklichkeit, z. B. die Methode der Soziometrie, das Soziogramm. Es ist aber unzulässig, einen Gegenstand des Modells durch Relationen zu kennzeichnen, die dieser in der Wirklichkeit noch über die im Werk realisierten hinaus hat. E. Lämmert schreibt: „Es macht geradezu das Wesen des Dichterischen aus, daß alle benutzten Realien ihres transliterarischen Bezugssystems entkleidet werden und innerhalb der fiktiven Wirklichkeit der Dichtung neuen Stellenwert und eine neue, begrenzte Funktion erhalten."[31] Es besteht allerdings die Möglichkeit, die Strukturen

[28] Roland Barthes, Die strukturalistische Tätigkeit, in: Kursbuch 5 (1966), S. 191.
[29] R. Barthes, a.a.O., S. 191.
[30] Eberhard Lämmert, Beugeformen des Erzählens, Stuttgart 1968³, S. 26.
[31] E. Lämmert, a.a.O., S. 27. Damit ist natürlich die Frage nach der Rolle, die ein Element im Prozeß der Vertextung in einem bestimmten Kontext („semantische Situation") des Kommunikationssystems spielt, nicht ausgeschlossen, sondern lediglich eine unbedachte Verwechslung des fiktionalen Raums mit dem realen soll verhindert werden. (Zum Problem der semantischen Situation vgl. Siegfried J. Schmidt, Literaturwissenschaft als Forschungsprogramm, in: Linguistik und Didaktik, H. 4, 1970, S. 269, bes. H. 5, 1971, S. 48f.)

eines Gegenstandes innerhalb des Modells mit den Strukturen, die dieser Gegenstand in der Wirklichkeit hat, gleichsam seiner Logik, zu vergleichen. So untersucht E. Lämmert etwa das Zeitgerüst einer Erzählung im Vergleich mit dem zeitlichen Kontinuum eines Geschehens in der Wirklichkeit. Damit werden Strukturen des Modells selbst strukturell gekennzeichnet. Wesentlich ist weiterhin auch die Beobachtung, innerhalb welcher Gegenstandsbereiche ein Autor bevorzugt Relationen des zu kennzeichnenden Gegenstandes realisiert oder welche Gegenstandsbereiche er vernachlässigt.

Das Wortkunstwerk ist aber nicht Modell einer einzigen, einfachen Struktur, sondern ein Komplex von Strukturen, die einander durchkreuzen, sich ergänzen, aufeinander verweisen und sich wiederholen.

Ein Kriterium des Wortkunstwerks ist seine Sprachlichkeit, d. h. ein Struktursystem (das Modell) wird in einem anderen (der Sprache) realisiert. Die bisher erwähnten Strukturen werden so gleichsam als in der Sprache parasitäre Strukturen verwirklicht. Sprache und Bedeutung stehen in einem Zeichenverhältnis zueinander, das durch die Konvention geregelt ist. In der Sprache dokumentiert sich das geistige Modell. Die Kreuzung zweier Struktursysteme bringt Unbestimmtheit mit sich. Das konventionelle System der Zeichen funktioniert nicht lückenlos, denn die subjektiven Anteile der Redenden und Hörenden an der objektiven Sprache (Lexikon, Grammatik) sind nicht identisch, sondern tangieren sich nur.

Jede Handlung besteht aus einer Kreuzung zeitlicher und ‚statischer' Strukturen. Statisch ist eine Konfiguration oder Konstellation zwischen Personen und den sie bestimmenden Kräften. Diese Konstellationen enthalten aber potentielle Energien, die sich auf der Zeitachse dahingehend auswirken, daß sie die Konstellationen selbst auflösen, verändern und neue Konstellationen bilden.

Auch wenn der Dichter von der Fülle in der Wirklichkeit vorhandener oder möglicher Relationen abstrahiert, darf sein Modell doch nicht zu einfach sein, wenn es nicht nur die Oberfläche kennzeichnen will. Ein Geschehen zwischen zwei Personen ist z. B. zunächst in seinen zeitlichen und räumlichen Relationen zu kennzeichnen. Diese Kennzeichnung kann aber unter Umständen sehr unvollkommen sein. Jeder Gegenstand (Person) steht noch zu anderen Gegenständen physischer, psychologischer und geistiger Art in Relation. Geistige Gegenstände (Ideen, soziale Schemata, Ideologien) bedingen eine Handlung oft entscheidend. Gerade solche Relationselemente sind ja nur in der Manifestation und Dokumentation erkennbar, d. h., sie können auch nur so dargestellt werden, als Modell im Modell. Ein solches wäre z. B. die Metapher. Das Kunstwerk wird dadurch zu einem komplizierten Komplex von Strukturen, die in einer vielfältig abgestuften Zeichenbeziehung zueinander stehen. Ein Modell kann in seiner Struktur in einem anderen gespiegelt werden, in anderen Gegenstandsbereichen wiederholt werden.[31a]

Dichtung als Modell betrachtet hat auch eine Kommunikationsfunktion.[32] Die Elemente der Kommunikation, sowohl die Grundhaltung des ‚Senders' (z. B. lyrisch, episch, dramatisch) wie die Art der Realisation prägen zugleich das Modell, geben ihm typische Erscheinungsmerkmale, die zum Teil von der Art, wie sie den Kontakt zum Publikum suchen, logisch gefordert werden (z. B. ‚erzählen, darstellen'), zum Teil aber sich geschichtlich in der Auseinandersetzung mit den Sachzwängen gebildet haben (Gattungen). Die individuelle Erfüllung eines Typs läßt sich ebenfalls strukturell kennzeichnen. Kommunikationsstruktur und Sinnstruktur wirken dabei aufeinander ein.

Die Struktur ist nur Gerüst, das Modell umkleidet dieses Gerüst mit Fleisch. Dabei ist mehr oder weniger Füllmaterial notwendig. Dieses Füllmaterial enthält auch jede natürliche Sprache, etwa im Vergleich zur Telegrammsprache, die nur solche Wörter enthält, die zur Verwirklichung der Struktur (Information) im Modell (Sprache) notwendig sind. Die überflüssigen Wörter der natürlichen Sprache verleihen dieser Lebendigkeit und vermindern die Gefahr von Mißverständnissen. Den Überfluß an Sprachmaterial, den die lebendige Rede einsetzt bei der Übermittlung von Information – das Telegramm zeigt, wieviel ‚überflüssig' ist –, diesen Überschuß nennt man Redundanz.[33] Dieser Redundanz der

[31a] Zu diesem Problemkreis vergleiche jetzt auch Siegfried J. Schmidt, Ästhetizität, München 1971. Hier bes. der Begriff der „Polyfunktionalität", S. 19ff. Das Ästhetische wird als Strukturzusammenhang, als „Relationierungssystem von Elementen" begriffen (S. 23).

[32] M. Bense, a.a.O., S. 316, Minimalforderung Nr. 3.

[33] Walter R. Fuchs, Exakte Geheimnisse, Knaurs Buch der Denkmaschinen, München–Zürich 1968, S. 72.

Sprache wird im alltäglichen Sprechen und Schreiben keine Beachtung geschenkt. Anders ist es bei den künstlichen Sprachen: den Sprachen der Mathematik, der Naturwissenschaften z. B. und der Dichtung, wobei das Problem allerdings verschieden gelöst wird. Die mathematische Sprache versucht die Redundanz so klein wie möglich zu halten oder ganz auszuschalten, während die Sprache der Dichtung versucht, gerade das redundante Material der Ausgestaltung der Struktur dienstbar zu machen, die Redundanz sogar zum Teil künstlich zu erhöhen.[34] Überflüssiges Material wird um die Struktur geordnet und verstärkt damit deren Intensität. Man kann auch sagen, das redundante Material trete in eine Zeichenbeziehung (nach Max Bense als Zeichenkonnex aufzufassen) in Form von Mikrostrukturen zu größeren Teilstrukturen oder Makrostrukturen. Beispiele dafür wäre etwa eine Rhythmisierung der Syntax (durch Parallelismen usw.), Häufung von Aussagestrukturen (rhetorische Figuren), Metaphern gleicher Bauart, Rhythmus und Reim sowie, Wortmelodien'. Dazu gehören aber auch Aufbauschemata, Symmetrien, Korrespondenzen und Kontraste innerhalb der Gliederung. Sie gehören nicht primär zur Makrostruktur, sondern vestärken sie. Die oben erwähnten Kommunikationsstrukturen könnte man ebenfalls zum redundanten Material zählen. Auch sie können mehr oder weniger der Gesamtstruktur zugeordnet werden (ein ‚weniger' wäre in diesem Falle schon Wertkriterium). Dazu gehören aber vor allem auch Leitmotive und Symbole.[35] Bedeutung gewinnen diese Erscheinungen aber erst, „wenn sie als ‚regelhafte' Erscheinungen einem bestimmten Komplex von Ereignissen und Gegenständen gegen-

[34] Helmut Lüdtke, Der Vergleich metrischer Schemata hinsichtlich ihrer Redundanz, in: Mathematik und Dichtung, S. 235: „Ursache der Redundanz ist die unterschiedliche Häufigkeit der einzelnen Elemente und die Einschränkung der Möglichkeiten ihrer Kombination in der linearen Abfolge aufgrund der grammatischen und phonologischen Strukturregeln. Zu diesen normalen Einschränkungen, die für Prosa und Poesie im allgemeinen in gleicher Weise gelten, kommen für die Poesie noch weitere hinzu, die aus dem Zwang zur Einhaltung der angenommenen metrischen Formen resultieren."
Man kann aber eine diesem Vorgang der Redundanzerhöhung entgegengesetzte Beobachtung machen: „Im schroffen Gegensatz zur erhöhten Redundanz der rhythmischen Gestaltung steht die verhältnismäßig große Bewegungsfreiheit der Worte in der Dichtung." Die Übergangswahrscheinlichkeit ist geringer in der Dichtung als in der unpoetischen verbalen Kommunikation. So: Ivan Fónagy, Der Ausdruck als Inhalt, in: Mathematik und Dichtung, S. 254.
[35] E. Lämmert, a.a.O., S. 244, vgl. den Begriff ‚Durchtönung'.

über durch das ganze Werk hindurch oder innerhalb größerer Partien aufgewiesen werden können."[36] Die Integration des redundanten Materials ist natürlich von Werk zu Werk verschieden und auch von der Gattung abhängig, naturgemäß wird sie im Roman am geringsten, in einer bestimmten Art von Lyrik am weitesten ausgeprägt sein.[36a]

Die Ordnung im ‚Kleinbereich' des Textes könnte man mit Manfred Bierwisch als ‚Mikrostruktur' bezeichnen, der Aufbau der Fabel, Verflechtung von Episoden usw. sei dann die Makrostruktur': „Es liegt auf der Hand, daß zwischen Makro- und Mikrostruktur eine für die Gesamtwirkung wesentliche Vermittlung besteht und daß eine rationale Literaturtheorie beide Bereiche umfassen muß. Über die Art des Zusammenhangs läßt sich aber mit den gegenwärtigen Mitteln nichts Sinnvolles aussagen."[37] Es ist auch nicht einfach zu sagen, welche Struktur die primäre ist.

Problematisch ist der Aufweis der Relationen dieses Materials zum Strukturkern, es handelt sich dabei nicht mehr um Zuordnungen und Zeichen, die auf Konventionen beruhen und daher unmittelbar verständlich sind, sondern um künstlich hergestellte, einmalige Beziehungen qualitativ verschiedener Gegenstände zueinander, um ‚Chiffren' des Autors. Der Vokal ‚u' z. B. als Verstärker einer Aussagestruktur hat diese spezielle Bedeutung eben nur in diesem einen Gedicht. Solche Beziehungen sind daher auch kaum generell zu bestimmen, sondern nur an dem jeweiligen Werk beschreibbar. Die Durchstrukturierung des redundanten Materials hat als besonderen Effekt eben jene ‚Unbeliebigkeit' auch im partikularen Bereich, von dem Max Bense spricht.

Der Grad der Ordnung innerhalb eines Dichtwerks hat jedoch Grenzen. Eine vollkommene Ordnung wäre bloßes Ornament. So muß der Geordnetheit des Materials ein Moment der Unordnung entsprechen, wenn ein Werk ästhetisch befriedigen soll. So erlaubt sich der Rhythmus Freiheiten mit dem metrischen Schema, Aufbauproportionen sind durch ‚Achtergewichte' gestört. Die Struk-

[36] E. Lämmert, a.a.O., S. 33.

[36a] Vgl. hierzu auch den Begriff der „Superierung", der Bildung von „Superzeichen". Dazu etwa: Elisabeth Walther, Poetik und Linguistik, in: Mathematik und Dichtung, S. 147.

[37] Manfred Bierwisch, Poetik und Linguistik, in: Mathematik und Dichtung, S. 63.

turen werden damit verunklärt, ihre Übersichtlichkeit und Erkennbarkeit gemindert. Das gibt dem Werk den Anschein von Lebendigkeit (aber eben nur den Anschein, denn in der Wirklichkeit ist Unordnung das Primäre, im Kunstwerk aber die Ordnung, die Unordnung jedoch künstlich).

Eine letzte Möglichkeit soll noch erwähnt werden: Oft ordnet sich das Material und seine Strukturen um eine Grundstruktur verhältnismäßig einfacher Art. Im Makro- und Mikrobereich ist diese Struktur vielfältig abgebildet. Eine solche Grundstruktur bestimmt z. B. das Geschehen im *Don Quijote*. H. Meyer hat nachgewiesen, wie Jean Pauls *Flegeljahre* vom Titel bis zur Metaphorik von der Grundstruktur des Humors bestimmt ist.[38] *Robinson Crusoe* variiert z. B. das Schema: Notlage – Erinnerung oder zufällige Entdeckung – Versuch 1 – Mißerfolg – Versuch 2 – Erfolg.

Zusammenfassung:

a) Das Wortkunstwerk (WK) ist als Modell (Abbild) zu einem Struktursystem aufzufassen.

b) Im WK werden Strukturen der Wirklichkeit wiederholt, jedoch in einfacherer Form, mit einer endlichen Zahl von Relationselementen.
Diese Strukturen sind mit den gleichen Mitteln zugänglich wie die Strukturen der Wirklichkeit, d. h. durch Aufweis von Relationen von Gegenständen innerhalb des gleichen Bereichs, die in einem Zuordnungsverhältnis stehen, oder durch Vergleich mit abstrakten Maßeinheiten (Zeitmessung). Das Maß der Vereinfachung (Abstraktion), die Auswahl der Gegenstandsbereiche der Relationen kennzeichnen ebenfalls die Strukturen des WK.

c) Das WK ist als Strukturenkomplex und als Strukturenkonnex zu begreifen. Strukturen wiederholen sich innerhalb verschiedener Gegenstandsbereiche, stehen in einem Zeichenverhältnis zueinander, sind selbst Zeichen, Zeichen innerhalb von Zeichen, Modelle im Modell. Dabei können zwei grundsätzliche Möglichkeiten angenommen werden: a) Strukturen-

[38] Herman Meyer, Über den Begriff ‚Struktur' in der Dichtung, in: Neue Deutsche Hefte 10 (1963), H. 92, S. 18 f.

parallelismus (= Variationen der gleichen Strukturen auf verschiedenen Gegenstandsebenen) b) Strukturenhierarchien. Es ist anzunehmen, daß das WK meist beide Struktursysteme verbindet.

d) Das WK verwirklicht diese Strukturen innerhalb der Strukturen der Sprache. Diese durchkreuzen und verändern dabei die ‚Makrostrukturen', die dabei aber doch eine relative Selbständigkeit bewahren.

e) Das Struktursystem wird durchkreuzt von den Strukturen des Kommunikationsschemas und seinen Sachgesetzlichkeiten, die ihrerseits auch durch die Makrostruktur determiniert und verändert werden.

f) Der ästhetische Rang des WK leitet sich nicht nur von der Makrostruktur her, sondern vor allem auch von der Zuordnung von Mikrostrukturen zu dieser. Solche Mikrostrukturen können sich aus der Klanggestalt der Worte, aus syntaktischen Strukturen oder aus der Semantik bilden. Sie sind in irgendeiner Weise der Makrostruktur zugeordnet und ‚verstärken' diese. In ähnlicher Weise verstärkend wirken auch Symbole oder das schon erwähnte Kommunikationsschema. Die Zeichenbeziehung der Mikrostruktur zur Makrostruktur ist meist nicht mehr konventionell geregelt, woraus sich ihre Vieldeutigkeit erklärt.

4. Die Leistung der Strukturanalyse beim Wortkunstwerk

Die Strukturanalyse führt zum Gerüst des Wortkunstwerks zurück. Die gefundene und beschriebene Struktur ist damit keineswegs mehr identisch mit dem Kunstwerk. Strukturbeschreibung ist also ein Abstraktionsvorgang, dessen Ergebnis nicht die vollständige Kennzeichnung des Gesamtwerkes sein kann. Darin liegt die wesentliche Grenze der Methode.

Strukturbeschreibung ist nicht schon Interpretation. Das Wortkunstwerk vollzieht sich, wie die Hermeneutik lehrt, konkret erst im ‚Gespräch'; die „Korrespondenz von Dichter und Zuhörer" erst verhilft der Dichtung zum Leben.[39] Darin liegt „die konkrete und aktuelle Bedeutung einer Dichtung."[40] Diese wird erst im jeweiligen Gespräch mit der Geschichtlichkeit des Interpreten

[39] E. Lämmert, a.a.O., S. 245.
[40] E. Lämmert, a.a.O., S. 248.

entbunden. Das Gespräch kann durch strukturelle Untersuchungen nicht ersetzt werden. Zwischen beiden Methoden besteht ein Bruch. E. Lämmert spricht von dem „nie auszuräumenden Hiatus zwischen Struktur und Bedeutung eines Kunstwerks".[41] Strukturanalyse ist aber die notwendige Voraussetzung der wissenschaftlichen Erhellung und sachgemäßen Erschließung auch der aktuellen Bedeutung. Die Gesprächspartner können sich nicht verstehen, wenn sie nicht die gleiche Sprache sprechen. Sie müssen sich vorher verständigt haben. Diese hermeneutische Aufgabe erfüllt die Strukturuntersuchung. Die strukturelle Kennzeichnung betrifft allein die objektive Seite des Werkes, sie macht Feststellungen und konstatiert ‚ästhetische Realität' (Ordnung) an der physikalischen Realität. Diese Objektivität findet ihre Grenze an der Unbestimmtheit der sprachlichen Zeichen, an der unkonventionellen Zuordnung des Materials, sowie an dem begrenzten Gesichtskreis des Interpreten. Als theoretische Maxime muß aber festgehalten werden – auch wenn es nur eine Annäherung an sie gibt –: wenn Relationen im Wortkunstwerk verwirklicht sind, dann müssen sie auch feststellbar sein. Jedoch wird in den seltensten Fällen die ‚Gesamtstruktur' exakt angegeben werden können, da jedes Werk ein vielfältiges System einander überkreuzender Strukturen enthält. Da viele dieser Strukturen Zeichencharakter haben, fördert schon die Erschließung einer Struktur die Erkenntnis des Werkes.

Wir wollen uns aber gegen eine idealistische Auffassung des Strukturbegriffs abgrenzen, der von einem numinosen Begriff von ‚Ganzheit' (von Dilthey) aus arbeitet. ‚Struktur' ist hier fast synonym für ‚innere Form' und ‚Organismus', Begriffe, die äußerst belastet sind mit ideologischen Vorentscheidungen über das Wesen der Kunst als einer organischen Einheit.[42] Im Diltheyschen Sinne ist diese Einheit (deren Architektonik die Struktur ist) zwar

[41] E. Lämmert, a.a.O., S. 248. Es zeigt sich allerdings, daß der ‚Hiatus' in der Wirklichkeit kaum spürbar stattfindet. Strukturanalyse ergibt sich als Notwendigkeit des Gesprächs, als Funktion des Gesprächs. Die Unterscheidung von ‚wissenschaftlichem' und ‚aktuellem' Zugriff könnte einer einseitigen Polemik das Wort reden. Sie könnte überdies verschleiern, daß auch der wissenschaftliche Zugriff, z. B. die Strukturanalyse keineswegs von der Geschichtlichkeit des Interpreten absehen kann. Dennoch ist es in unserem Zusammenhang wichtig, beide Teile des Interpretationsvorgangs methodisch zu scheiden, um zu vermeiden, daß der eine mit dem anderen verwechselt oder vorschnell identifiziert wird.

[42] E. Lämmert, a.a.O., S. 247.

im Erlebnis unmittelbar gegeben, in der Beschreibung aber nur annähernd zu erreichen. Die Struktur selbst bleibt gewissermaßen transzendent.[43]

[43] Diltheys Strukturbegriff, wie er in den ‚Abhandlungen zur Grundlegung der Geisteswissenschaften' (Gesammelte Schriften, Bd. V, Stuttgart–Göttingen 1957) entwickelt wird, läßt sich nach einem Vorgang der ‚Entmythologisierung' durchaus mit dem von uns dargelegten vergleichen. Er scheint mir noch nicht richtig ausgeschöpft. Diltheys geisteswissenschaftliche Epigonen haben sich vor allem an seinem Begriff der ‚Ganzheit' entzündet, deren „theologischer Zusammenhang" die Struktur ist (S. 373).
Der Strukturbegriff, wie ihn H. Meyer definiert, hat nicht die Teilstrukturen im Blick, erkennt das WK nicht als Strukturkomplex: „Unter Struktur wollen wir die das Werk durchwaltende Ordnung verstehen, die bedingt wird durch den Charakter des Ganzen und der Teile in ihrem gegenseitigen Zusammenhang" (a.a.O., S. 12). In ähnlicher Richtung bewegt sich auch Hugo Friedrich, ohne daß er dabei den Begriff ‚Struktur' erwähnt, in seinem Aufsatz „Dichtung und die Methoden ihrer Deutung", in: Die Werkinterpretation, hrsg. von Horst Enders, Darmstadt 1967, S. 298.

Kapitel VI

LERNTHEORETISCHE BESTIMMUNG DER STRUKTURSKIZZE

I

Ebenso wie es im Ganzen der schulischen Entwicklung darum gehen muß, die von den Wissenschaften geprägte Welt begreifbarer zu machen durch die Erziehung zur Wissenschaftlichkeit, geht es in unserem Zusammenhang darum, Fähigkeiten zu vermitteln, die ermöglichen sollen, in rationaler Weise Literatur[1] zu verstehen.[2] Es geht um Arbeitsmöglichkeiten im Sinne wirksamer Kommunikation.

Zu diesem Zweck müssen „die Wissenschaften für den Lernprozeß strukturiert werden", damit der Lernprozeß seinerseits zu wissenschaftlicher Rationalität befähigen und damit zu methodenbewußter Lebenseinstellung begaben kann. Es muß also die Schule viel mehr sich der Prozesse des Lernens, Verstehens, Entdeckens und Aufgabenlösens annehmen, viel mehr der Betrachtungsweisen von Wissenschaft (in Unterscheidung zu deren gesicherten Ergebnissen), eben weil kein anderer Zugang zur Wirklichkeit unserer Lebensgegebenheiten heute so entscheidend ist wie die wissenschaftliche Betrachtungsweise.[3]

[1] Literatur soll hier im weitesten Sinne als das geschriebene und gedruckte Wort verstanden werden.

[2] Um einem uns oft entgegengehaltenen Einwand sogleich zu begegnen: Es geht uns nicht darum, rationale gegen gefühlsmäßige, intuitiv-subjektive Vorstellungsmöglichkeiten auszuspielen, sondern einfach um eine (zusätzliche) andere Art des Verstehens, die wir allerdings im Deutschunterricht vielfach zu wenig gepflegt finden. Es geht uns wohl auch darum, „Gesinnungen, Strebungen, Voreinstellungen zunächst auszuschalten, die beim hermeneutischen Ordnungsmodell" den Lernprozeß allzusehr bestimmten und leicht dem „Reiz der Werturteile" überließen; diese haben aber nicht „den Vorrang vor allen anderen Vorstellungsarten", vgl. Wilhelm, a.a.O., S. 256/257.

[3] Selbstverständlich ist Wissenschaftlichkeit auf den verschiedenen Entwicklungsstufen des Kindes jeweils anders zu vermitteln, anders erfahrbar zu machen. Sie ist aber immer „Anlaß zur Selbstfindung", nicht Teil eines Bildungskanons „vorgegebener Wissenschaftskultur". Sie ist nicht Bildungsalibi, sondern Hilfe bei der Findung und Annahme der eigenen Art („Eigenart"), Hilfe auf dem Wege zur unangepaßten Mündigkeit des Individuums. Vgl. hierzu auch

An entsprechenden Verfahrensweisen mangelt es uns immer noch. Das liegt zum einen an vorherrschend einseitig geübten Interpretationsmethoden, zum anderen liegt es auch an dem für die Textbehandlung im Deutschunterricht besonders beklagenswerten Mangel an wirklich operationalisierbaren (konkret in Stufen zu realisierenden und objektiv überprüfbaren) Lernzielen.[4]
Wenn es dem Deutschunterricht aber darum gehen soll – jedenfalls ist von diesem Bereich hier die Rede –, in *literarischen Erkenntnisweisen* Gegebenheiten der Kunst wie der Wirklichkeit durchschaubar zu machen und in Modelle zu fassen, dann muß es gelingen, die Kompliziertheit sprachlicher Gebilde (Äußerungen, Texte) in anschaulicher Abstraktion[5] so aufzulösen, daß auf der Grundlage der objektiven Daten von Literatur[6] *einsichtige* Klärungen und Erklärungen entstehen können. Der

Saul B. Robinsohn zur „Bildung als Erziehung" in seiner Schrift „Bildungsreform als Revision des Curriculum", Neuwied, 1970², S. 13.
Grundlegendes zu diesem Gedankenkomplex findet sich vor allem bei v. Hentig; vgl. besonders seinen Aufsatz „Schule ohne Abschluß – Universität ohne Anfang", in: „Was wird aus der Universität?", hrsg. von Gerhard Schulz, Tübingen 1969, S. 26–54.
Zur „Wendung vom Bildungsmaßstab zum Wissenschaftsmaßstab" der Erziehung vgl. Theodor Wilhelm, „Theorie der Schule", Stuttgart 1969, S. 225.
Über „die Anforderungen der modernen Gesellschaft an die intellektuelle Leistungsfähigkeit" vgl. auch das gleichnamige Kapitel von Skowronek in „Psychologische Grundlagen einer Didaktik der Denkerziehung", Hannover 1968.
Es sei nachdrücklich darauf hingewiesen, daß dieses allgemeine Lernziel der Wissenschaftsorientiertheit nur eines von mehreren gültigen ist. Es trifft für unser Fachbuch der Strukturskizze hier eben zu. Über die Gefahren einer Überbewertung dieses Lernziels vgl. auch „Frühes Lernen und Einschulungsalter", Stellungnahme des Bundes der Freien Waldorfschulen zur geplanten Vorverlegung des Einschulungsalters, 1970.
[4] Vgl. Erika Essen, „Zur Neuordnung des Deutschunterrichts auf der Oberstufe", Heidelberg 1965, S. 43–56.
Vgl. Helmers, „Didaktik der deutschen Sprache", Stuttgart 1966¹, S. 260/261 bes.
[5] Zur Frage der Anschaulichkeit von Abstraktionen vgl. v. Hentigs überzeugende Passage in „Syst. u. Selb.", S. 86. Derselbe Text in Bd. 12 der „Gutachten und Studien der Bildungskommission", a.a.O., S. 22/23, und im Aufsatz „Schule ohne Abschluß – Universität ohne Anfang", a.a.O., S. 36.
Vgl. auch Wilhelm, a.a.O., S. 250, s. B.: „In alles Denken, auch in die abstraktesten Denkvollzüge, sind optische Phasen eingebaut."
[6] Vgl. hierzu Lämmert, „Bauformen des Erzählens", Stuttgart 1967, Schlußkapitel „Probleme der strukturellen und historischen Integration", S. 243ff. über die gesprächsoffene subjektive (konkrete und aktuelle Bedeutung) Seite und die abgeschlossene (autonome und gewordene) objektive Seite. Um letztere geht es uns hier immer.

vorliegende Beitrag muß im Rahmen solch neu zu erprobender Lehrverfahren gesehen werden.[7]

Zunächst einmal müssen in der Folge allgemeiner Lernziele – hier müssen Robinsohns 2. Forderung[8], Hentigs 3. Lernziel[9] und Wilhelms „Anthropologie der Wissenschaftsschule"[10] gesehen werden – auch neue, mit diesen allgemeinen Lernzielen in Einklang stehende Verfahren gefunden werden.[11] (Zudem erstarren allgemeine Lernziele leicht zu nichtssagenden Leerformeln, wenn nicht „konkrete Einzelleistungen innerhalb spezifischer Lernbereiche"[12] benannt werden können.)

Es geht also darum, die Schüler mit konkreten, jeweils abgestuften Aufgabenstellungen und entsprechenden Verfahrensweisen zu konfrontieren. Wir brauchen „semantisch eindeutigere und konkretere Aussagen"[13]. Es kann (auch für den Lehrer) nicht darum gehen, beispielsweise nur „2 Dramen der Neuzeit" zu „behandeln", d. h. sie gelesen und „besprochen" zu haben, sondern es muß um konkrete Lernzielvorstellungen gehen wie beispielsweise

das Verhältnis von Erzählzeit und erzählter Zeit in einem Werk messen und darlegen zu können;

[7] Die Wichtigkeit des Lehrverfahrens für die Lernleistung wird im Vergleich zu manch anderen Faktoren, so scheint es, immer noch vielfach unterschätzt. Beispielsweise kann angesichts der immer wieder zu hörenden (zweifellos berechtigten) Klage über zu große Klassenfrequenzen die Frage des Lehrverfahrens nicht hoch genug eingeschätzt werden; denn die Klassengrößen können wir so bald nicht entsprechend verkleinern, wissenschaftliche Untersuchungen aber legen die Vermutung nahe, daß der Einfluß von Lehrverfahren (und anderen Faktoren) auf das systematische Lernen bedeutsamer ist als etwa die Verkleinerung einer Lerngruppe von 40 auf 25 Schüler. Vgl. hierzu u. a. Flechsig, in Flechsig und andere: „Die Steuerung und Steigerung der Lernleistung durch die Schule", in: „Begabung und Lernen", Bd. 4 der „Gutachten und Studien der Bildungskommission", Stuttgart 1969³, S. 454 u. a.

[8] Robinsohn, a. a. O., S. 16ff.

[9] Von Hentig, „Syst. u. Selb.", a. a. O., S. 85–88, textgleich in Bd. 12 der „Gutachten und Studien ...", a. a. O., S. 22–24.

[10] Wilhelm, a. a. O., S. 228ff.

[11] Vgl. das Beispiel „negativer Dokumentation": „‚Höhere Bildung' durch Literaturwissenschaft" im Anhang zu v. Hentigs „Systemzwang und Selbstbestimmung", Stuttgart 1969², S. 203f.

[12] Tütken, „Lehrplan und Begabung", in: Flechsig und andere, a. a. O., S. 463. Über die Vielschichtigkeit des derzeitigen Bedeutungsfeldes „Lernziel" und eine mögliche Ordnungsskala vgl. Hartmut Vogt, „Schulreform, Lehrplanrevision und Lernzielbestimmung", in: „Deutschland-Archiv", 2. Jahrgang, Heft 10, Oktober 1969, S. 1050ff., hier S. 1053–1056.

[13] Messner, „Funktionen der Taxonomien für die Planung von Unterricht", in: „Zeitschrift für Pädagogik", Beltz-Verlag, Dezember 1970, S. 756.

die Abschiedsszene der Missionar-Familie in Dürrenmatts *Physikern* als zeitkritische Satire erläutern zu können;
den Wechsel der Standorte „normal" und „verrückt", den die Orte und Personen in den *Physikern* einnehmen, bezeichnen und (im Fall unserer Methode) zeichnen zu können (vgl. Bild 44) (als maßgeblichen Interpretationsansatz!).[14]
Damit aber werden nicht etwa nur aus allgemeinen Lernzielen konkrete abgeleitet, sondern es geht mit dem „Präzisierungsprozeß" und dem ihn kennzeichnenden Informationszuwachs gleichzeitig um den Ausschluß alternativer Interpretationsmöglichkeiten bei einer Lernzielbeschreibung. Damit aber wird auch ganz konkret über den „Inhalt schulischer Zielsetzungen" entschieden; d. h., es werden didaktische Entscheidungen getroffen! So, was unsere Methode angeht, die Entscheidung: den Verstehens- und Erklärungsprozeß von Literatur durch eine rationale, übertragbare und für Außenstehende überprüfbare Methode zu fördern. Indem wir so eine Akzentverschiebung im Umgang mit Literatur ermöglichen, verändern wir auch die Wertigkeit von Rationalität und Objektivität im Literaturunterricht.
Die formulierten Beispiele zeigen, daß es mit dem „Darlegen-Können", „Messen-Können", „Erläutern-Können", „Bezeichnen-" und „Zeichnen-Können" um das Lernen bestimmter Verhaltensweisen geht. Für uns hier gilt deshalb konkret: Textstrukturen zeichnerisch darstellen können ist eine überprüfbare und beobachtbare Verhaltensweise, die als konkretes Lernziel gelten kann. Diese Fertigkeit dient der „Erreichung des Problemlösens" (Gagné), wie es sich mit der Aufgabe des Textverständnisses (und damit einer Kommunikationsweise überhaupt) stellt. Wir haben somit eine klare Lernzielangabe, wie sie für die optimale Entwicklung von Lehr- und Lernprozessen bedeutsam ist.[15]
Natürlich könnten (aus testpsychologischen Gründen z. B.) bei der Lernzielbeschreibung nicht nur die erwarteten Verhaltens-

[14] Zum ganzen Lernzielkomplex im Deutschunterricht vgl. als Beispiel aus der Praxis, „Eine differenzierte Unterrichtsreihe im Fach Deutsch", in: Gaude, Teschner, „objektivierte Leistungsmessung in der Schule", Reihe „Berliner Studien zur Bildungsplanung und Bildungsreform", Frankfurt a. M. 1970, S. 137ff.
Vgl. auch „Operationalisierbarkeit des Lehrangebots", ebd. S. 37ff.
[15] Tütken, a.a.O., S. 465.

weisen, sondern auch die weiteren Bedingungen der Realisierung des Lernziels genauer beschrieben werden – so etwa der Grad der Intensität eines „Erläuterns", eines „Könnens" oder die Situation des Leistungsnachweises. Zwar kann es nicht darum gehen, alle Lernziele sozusagen quantitativ aufzulösen, es sei aber vermerkt, daß sich diese zeichnerische Methode der Strukturskizze für solch „festgeschriebene" Lernverfahren auch eignet.[16]

Beispielsweise:

in der Zeit von...
unter Zuhilfenahme von...
unter Anwendung analytischer Verfahrensweisen...
in Bezugnahme auf Akt II, Szene 2 und 3...
bei Ankreuzung oder Zeilenangabe der Belegstellen...
usw.
... soll zeichnerisch dargestellt werden.

Jedenfalls findet die Aussprache über den Text und die Leistungsmessung so zunächst eine feste Grundlage. Dazu aber geben die einzelnen Beispiele dieses Buches ja reichlich Belege.
Im Zusammenhang mit der Lernzielbegründung sei nur noch darauf hingeweisen, daß diese Strukturskizze auch die Kontrollierbarkeit so hoher Lernziele wie das des eigenständigen Interpretierens von Texten objektiviert[17] und daß sie nicht nur im Unterrichtsgespräch, sondern auch in der Prüfungsarbeit bis hin zum „Abituraufsatz" ihren Platz finden kann.

II

Ist diese Interpretationsweise auch systematisch lernbar?
Es fällt einem bald auf, wie eng der Zusammenhang zwischen der psychologischen Auffassung von Wahrnehmen und Denken und

[6] Vgl. auch Gaude, Teschner, a.a.O., S. 40.
[7] Hierzu heißt es im „Strukturplan für das Bildungswesen" des Deutschen Bildungsrates, S. 83 (Manuskriptfassung von April 1970): „Auch höhere Lernziele können in kontrollierbare Lernaufgaben übersetzt werden ... neue Vorschläge und Hypothesen (können) nach den Folgen, die sie nach sich ziehen könnten (beurteilt werden); Produktivität nach der Zahl und Quantität der Aspekte und Alternativen, die jemand nach der Aufgabe aufzubringen imstande ist. Diese Lernziele müssen auch dann angestrebt werden, wenn sie nur in geringerem Maße meßbar sind. Hierzu ist es nötig, neue objektiv auslegbare Prüfungsformen für höhere Denkleistungen in jedem Lernbereich zu finden und zu erproben."

der erkenntnistheoretischen Bestimmung des Strukturbegriffs als eines „Beziehungsgeflechts“ ist: Schon für die Wahrnehmung gilt für viele Psychologen: „Wir erregen einen Organismus mit einem angemessenen Input, und er antwortet, indem er diesen Input auf eine Klasse von Dingen oder Ereignissen bezieht“[18]. Eine zentrale Rolle hierbei spielen Begriffe wie Schema, Spur, Kategorie, Bezugssystem, Modell.

Mit neuen Texten werden dem Schüler immer wieder neue Lerngegenstände vorgelegt. Es geht darum, Methoden aufzuweisen, die einmal Beziehungen zwischen bisher Gelerntem und Neuem stiften können (übertragbare Techniken zu trainieren), und es geht darum, daß mit diesen Methoden der neue Lerngegenstand durch- und damit überschaubar wird,[19] kommunikationsreif sozusagen durch rationalere Strukturierung. Jeder neue Lerngegenstand ist für den Lernenden zunächst „chaotische Wirklichkeit“. Je besser der Unterricht sich aber den psychologischen Stufen des Lernens anpaßt, um so erfolgreicher wird er sein in dem Bemühen, diese „chaotische Wirklichkeit“ zu strukturieren, d. h. einsichtig (von sehen!) zu machen und verstehensreif.[20] Auch für die Strukturskizze kann gelten, was für die Funktion von Bildern im Denkprozeß überhaupt zu gelten scheint – nämlich daß „Denkbilder“ überhaupt „die schnellere, ursprünglichere, primäre Weise des Denkens“ sind – und was zu der Frage führt: „Läßt sich das Sehen so lernen und trainieren, daß mit einiger Sicherheit das Denken daraus Gewinn zieht?“[21]

Als allgemeines Lernziel steht also, lernpsychologisch gesehen, der Prozeß des Denkens und Verstehens im Vordergrund, als konkretes die Anwendung von Zeichnungstechniken zur Ordnung von Textstrukturen in Abbildern (Modellen). (Ziel: „ordentlich“ mit

[18] Bruner und Skowronek, hier nach Skowronek, a.a.O., S. 34/35.
[19] Vgl. Correll, „Lernpsychologie“, Donauwörth 1967⁵, S. 67 u. 2.
[20] Zum Begriffspaar Denken/Strukturieren vgl. Zietz über Wertheimer in: „Psychologische Voraussetzungen der Denkerziehung“, in: „Handbuch der Psychologie“, Bd. 10, Göttingen 1959², S. 124: „Wertheimer beschreibt ... den Denkvorgang als einen Strukturierungsprozeß, durch den ein zunächst undurchschaubarer Sachverhalt gegliedert wird, so daß die in ihm enthaltenen wesentlichen – d. h. strukturgerechten – Züge sichtbar werden und sich Relationen zwischen ihnen ergeben, die uns weiterführen. Es komme nicht darauf an, führt er aus, irgendwelche Operationen durchzuführen, selbst wenn sie an sich richtig sein mögen, entscheidend sei vielmehr, daß es sich um Operationen handle, die ‚im Hinblick auf das Ganze strukturgemäß gefordert sind‘.“
[21] Wilhelm, a.a.O., S. 252.

Texten umgehen können!) Wir glauben, daß mit dieser zeichnerisch-gedanklichen Tätigkeit ein gegebener Sachverhalt sinnvoll „angegangen“ werden kann. Es geht um Techniken, die in „spielender Erprobung“ ein gegebenes Wahrnehmungs- oder Vorstellungsfeld so „dynamisieren“ können, daß verschiedene eigene Ansätze des Lernenden ihn einer möglichen Lösung immer näherbringen. „Produktives Denken“ mittels des Strukturierens (oder Umstrukturierens) ist das Ziel. Es ist „eigenes“ Denken.[22]

Wir zielen mit dem Anspruch dieser Verfahrensweise über die drei ersten Lernzielstufen, wie sie der Strukturplan des Deutschen Bildungsrates angibt, hinaus auch auf die 4., die problemlösendes Denken und entdeckende Denkverfahren meint.[23] Damit soll keiner Entwertung der einfacheren Lernziele das Wort geredet werden. Im Gegenteil: Auch da erweist sich zeichnerisches Strukturieren als vorteilhaft.[24] Zum anderen setzt die Stufe 4 im Rahmen der Taxonomie für den kognitiven Bereich selbstverständlich auch Lernziele einfacherer, „darunterliegender“ Verhaltensweisen voraus.[25]

Der hier zugrundeliegenden Analyse des Denkprozesses[26] können psychologische Stufen des „Problemlösens“ zugeordnet werden:

[22] Vgl. Dewey: Zitat nach Roth „Pädagogische Psychologie des Lehrens und Lernens“, Hannover 1969[11], S. 162; es geht damit um die über die in Tests meßbare „intelligente Anfangsleistung“ hinausreichende, pädagogisch eigentlich erst interessante (!), mögliche „Endleistung“ des Lernenden nicht bei erfundenem Material, sondern bei gegebenen Wirklichkeiten (hier: Literatur). Es geht darum, „gelernte Lösungsoperationen beweglich bereit zu haben“.
Vgl. H. Roth, a.a.O., S. 131.
Vgl. auch den Vortrag Roths, „Erzieht unser Schulunterricht zu produktivem Denken“, zunächst in: „Sammlung“, Heft 4, 1954, neuerdings in „Pädagogische Psychologie des Lehrens und Lernens“, S. 158ff.
Vgl. auch Wilhelm, a.a.O., S. 254, zur Ordnung der Vorstellungen durch Reflexionen.

[23] „Strukturplan für das Bildungswesen“, Empfehlungen der Bildungskommission des Deutschen Bildungsrates, verabschiedet auf der 27. Sitzung der Bildungskommission am 13. Februar 1970, Manuskriptfassung vom April 1970, S. 79–81.

[24] Man muß dabei auch immer im Auge behalten, daß diese Lernzielstufen keine entwicklungspsychologischen sind. „Schon kleine Kinder können so erzogen werden, daß sie Interesse an problemlösendem Verhalten gewinnen.“ (Strukturplan, a.a.O., S. 82.)

[25] So etwa „Kenntnisse“ und „Verstehensqualitäten“. Vgl. dazu die Taxonomien von Lernzielen von Bloom und Kratwohl u. a. für den kognitiven und affektiven Bereich; gekürzte Wiedergabe in deutscher Sprache bei Blankertz, „Theorien und Modelle der Didaktik“, München 1969.

[26] So etwa bei Dewey, „Wie wir denken“, Zürich 1951, so aber auch die Arbeiten von Stern, Bühler und Piaget.

so etwa die bekannten fünf Corellschen Stufen[27], so die sechs Lernschritte H. Roths[28]. Innerhalb dieses lernpsychologischen Prozesses müssen mit der Stufe 3 („Mögliche Lösungsansätze“) – das gilt für Correll und für Roth – dem Schüler lernbare Methoden zur Verfügung stehen, die wirklich selbständige Arbeiten ermöglichen. Genau hier setzt die Methode graphischen Strukturierens als eines Weges auf dem Gesamtlösungsweg von Stufe 1 bis 5 ein. Dieses zeichnerische Ordnen, In-Beziehung-Setzen hilft dem Schüler oft zur besseren und leichteren Einsicht. Es kann helfen, die „Lernstufenleiter sicherer und leichter emporzusteigen, es ist ein methodisches Mittel im Lernprozeß, der im so verstandenen Sinne ja ein Strukturierungsprozeß ist. Eine weitgehend eigenständige und damit individuelle Lernsituation wird zudem damit ermöglicht – und das ist in solch einem kognitiven Bereich des Lernens wie dem der Textanalyse wichtig für einen optimalen Lernerfolg.[29]

Recht besehen, werden die Zielabsprachen in der Correllschen Stufe 2 auch schon bestimmt von der Suche nach Strukturelementen und ihrer verläßlichen Erarbeitungsmöglichkeit; ihr Nachweis im Verfaren beginnt mit Stufe 3 und reicht hin bis zur Stufe 5, von der Correll schreibt: „Die Wirklichkeit, die auf der 5. Stufe erfahren wird, ist nicht mehr chaotisch und unstrukturiert, wie auf der 1. Stufe, sondern strukturiert, sinn- und bedeutungsvoll (durch die sinn- und bedeutunggebende geistige Bewältigung).“[30] Und diese Bewältigung ist für den Schüler als prinzipielle methodische Lösungsmöglichkeit erfahrbar und lernbar mittels der sinn-

[27] Vgl. Correll, „Die Lerntheorien und ihre Bedeutung für die Pädagogik“ = Forschung und Erziehung, hrsg. von Correll und Süllwold, Donauwörth 1968, S. 36, zuvor S. 11–41.
Vgl. auch Correll, „Einführung in die pädagogische Psychologie“, Donauwörth 1966, S. 54ff., auch Kap. III.
Vgl. auch Correll, „Lernpsychologie“, a.a.O., S. 53–66.

[28] H. Roth, „Pädagogische Auswertung der Psychologie des Lernens“, in: „Pädagogische Psychologie des Lehrens und Lernens“, S. 208–227, Die Lernschritte. Besonders die Verallgemeinerung aller möglichen Lernschritte in einem Schema, bei dem die Unterscheidung nach indirektem Lernen, direktem Lernen und nach Lehren gewahrt bleibt: S. 223–226.

[29] Vgl. Flechsig, a.a.O., S. 454/455 im Anschluß an Skinner, Kagan u. a. Beachte allerdings auch die mögliche Rolle gelenkten Unterrichts (vgl. Zietz, a.a.O., S. 122/23), bei dem sich die Strukturskizze als gleichermaßen tauglich erweist.

[30] „Lernpsychologie“, a.a.O., S. 55/56.

und bedeutunggebenden Zeichen in einem graphischen Beziehungsfeld. Dieses Operieren im graphischen Feld ist ein Mittel, das Erfolgserlebnisse auf dem Wege des Problemlösens leichter zu vermitteln vermag – so jedenfalls haben wir es jahrelang in Unterrichtsversuchen erfahren. In einem erfreulichen (auch in der Abwechslung der Arbeitstechnik begründeten) Maße ermöglicht es selbständige Erfolge gegenüber den unfertigen, oft recht schwierigen sprachlichen Darstellungen oder doch neben diesen. Die Erfolgserlebnisse ihrerseits aber erhöhen die Motivationsstärke in direkter Weise und damit eine der wichtigsten Lernvoraussetzungen überhaupt. Um eine bessere Motivation des Schülers bzw. eine zusätzliche Motivationsmöglichkeit als Voraussetzung erfolgreichen Lernens geht es bei diesen Bemühungen eben auch.
Und noch etwas: Dadurch, daß diese Zeichenmethode schier unbegrenzte Entwurfs- und damit Denkmöglichkeiten zu einem vorgegebenen Text erlaubt, ist sie zudem ein geeignetes Mittel für das „creative thinking", das von Schablonen und Normen abweichende Denken, das es ja zu stützen, nicht zu stutzen gilt.[31] Dadurch wird noch einmal klar, daß es keiner neuerlichen Überbewertung „logischer Linearität" (im Modell-Zusammenhang) das Wort zu reden gilt, sondern der Rationalität und Einfallskraft, der „konstruktiven Phantasie"[32]. Damit aber wollen wir einer zweiseitigen Forderung entsprechen: der konstruktiven Rolle gerecht werden, „die der Phantasie innerhalb der Erziehung zum Denken zukommt", und „das Sehenlernen als wesentlichen Teil der gesamten Lernaufgabe" der Schule erkennen und ihm ernsthafte methodische Möglichkeiten im Deutschunterricht einräumen.[33]

III

Ein Beispiel für den Ablauf des lernpsychologischen Prozesses: Im Rahmen einer Iphigenie-Behandlung in einer 12. Klasse untersuchten wir in der 5. und 6. Stunde der Gesamtbehandlung an zwei Teilen des Werkes die Spannung, in der Iphigenie in ihrem Ringen um den rechten Weg der Selbstverwirklichung

[31] Vgl. v. Hentig, „Syst. u. Selb.", a.a.O., S. 87.
[32] Vgl. in dem Zusammenhang Wilhelm, a.a.O., S. 249ff.
[33] Wilhelm, a.a.O., S. 250.

steht, bevor die Konfliktlösung eintritt. Es läßt sich an einem solchen Beispiel auch beobachten, daß die Entwicklungsschritte bei diesem Vorgehen bekannten lernpsychologischen Stufen (Correll, Roth) entsprechen.

I. Einfachste Form eines Strukturbildes:
   Iphigeniens Seele ist das Spannungsfeld der Zwiespältigkeit.
   Untersuchung von I,1 (= I. Akt, 1. Szene)
   Das Verhältnis zu den Göttern als Ausgangslage
   Vgl. Bild 50.

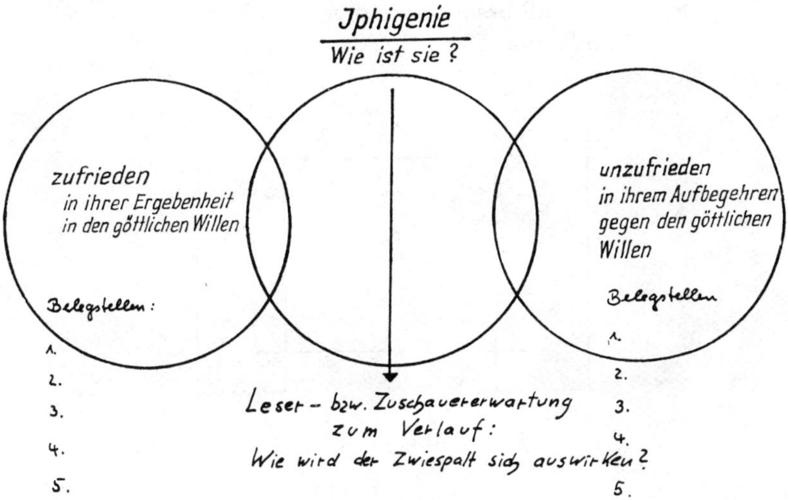

Bild 50

II. Strukturbildentwicklung nach dem Vergleich verschiedener Ansatzmöglichkeiten
   Abermals ist Iphigeniens Seele das Spannungsfeld (= Ort des Geschehens) der Zwiespältigkeit
   Untersuchung des IV. Aktes
   1. Schülervorschlag:
      I = Iphigeniens Seele als Ort (Spannungsfeld) des Ringens vor der (um die) Entscheidung.
      In diesem „Kraftfeld" müsse das Geschehen (Entwicklung?) des IV. Aktes seine Darstellung finden.
      Vgl. Bild 51

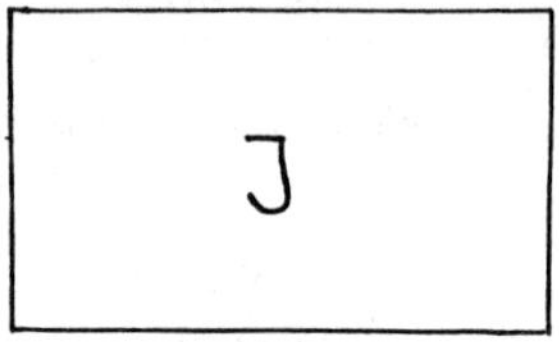

Bild 51

2. Schülervorschlag:
   Welche „Kräfte" machen dieses Feld zu einem Spannungsfeld? Das muß bestimmt und gezeichnet werden.
   Vgl. Bild 52 und 53

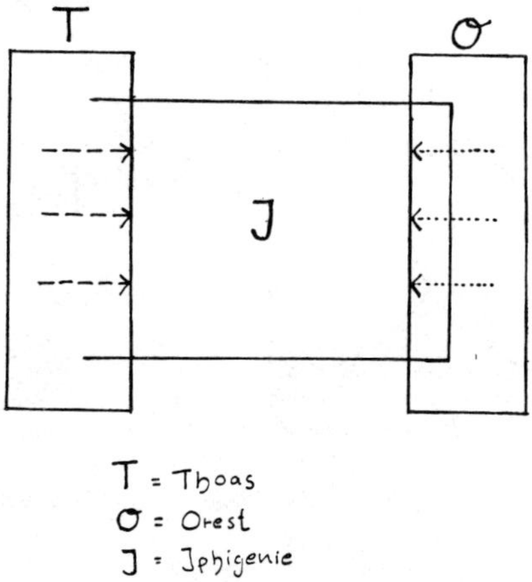

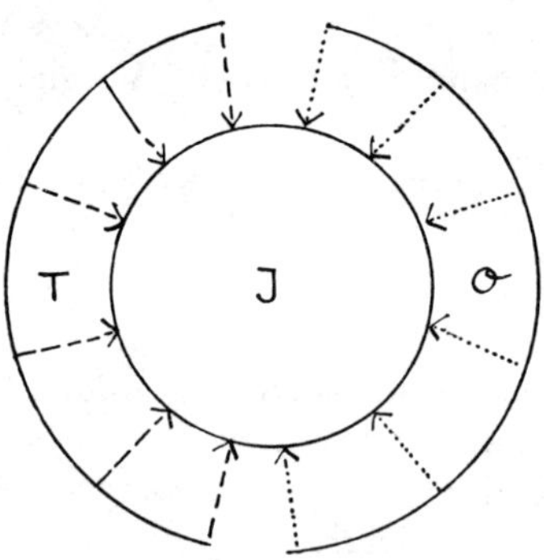

Bild 52 und Bild 53

Das so strukturierte Geschehen, bzw. die Grundposition des Aktes, macht anschaulich den seelischen Konflikt im Feld zweier Größen; (das schon ist eine exemplarisch-strukturelle Situation, die in vielen Sprachkunstwerken Anwendung finden kann). Das Ergebnis dieses Arbeitsschrittes demonstriert die Correllsche Lernstufe 2: das Problem ist begrenzt und lokalisiert, das Ziel der Arbeit wird definitiv festgelegt.

3. Schülervorschlag:

Wie vollzieht sich im Verlauf des IV. Aktes die Einflußnahme der „Kräfte", wie reagiert Iphigenie darauf?
(Hier sollten die Schüler nach der gemeinsamen Festlegung des Zieles versuchen, eigene Lösungsvorstellungen anzubieten. Die zeichnerische Darstellung könnte natürlich auch jetzt erst einsetzen und jedem einzelnen von vornherein überlassen bleiben.)

Die jetzigen Arbeitsansätze entsprechen der 3. Lernstufe. (Hier werden der Einfachheit halber nur Ansätze des viereckigen Schemas wiedergegeben, die Ziffern geben die Szenenfolge an.) Vgl. Bilder 54a–54g

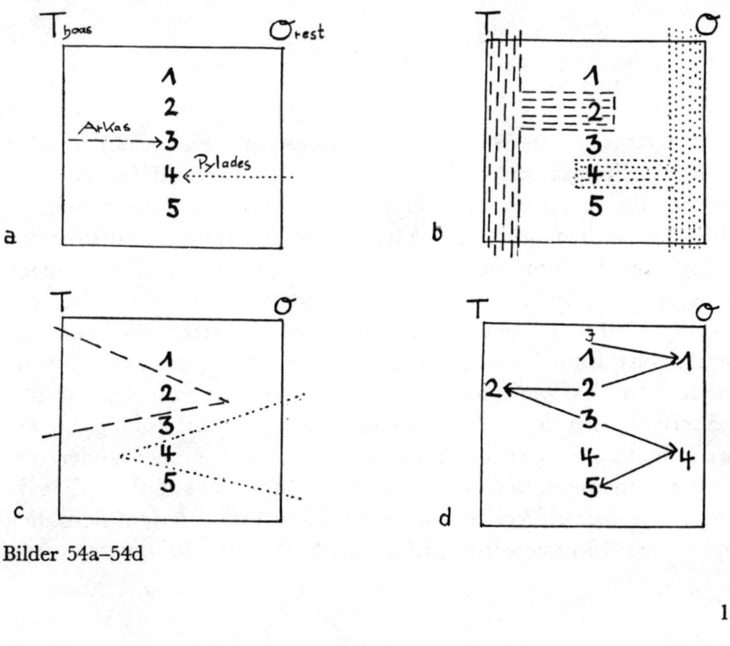

Bilder 54a–54d

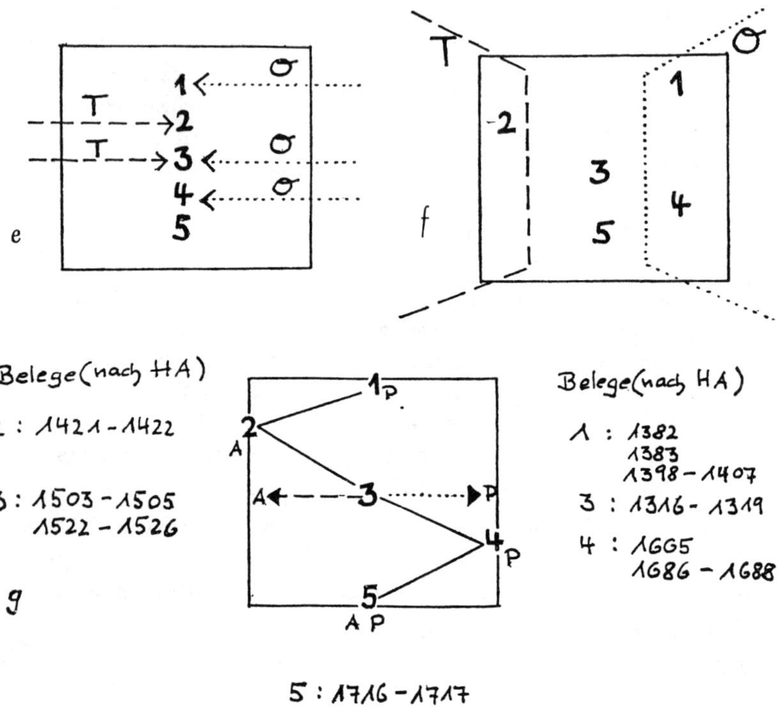

Bilder 54e–54g

Im 4. Arbeitsschritt, der der 4. und 5. Lernstufe entspricht, werden die Vorstellungsansätze am konkreten Textverlauf im Arbeitsgespräch überprüft und kritisch abgesichert; d. h., einzelne Schüler geben der Reihe nach ihre Ansätze an der Tafel an und begründen die jeweilige Stellung der Punkte, Kästchen, Szenenziffern, Pfeile, Farben usw. An einem Entwurf verbessern die Schüler das Gegebene, d. h., sie verändern die Entwurfsvorlage, die schon an der Tafel ist, immer wieder durch die von ihnen gefundene Ansatzmöglichkeit. Es werden im Laufe dieses Arbeitsschrittes häufig Teilbereiche auf der Tafel gelöscht. Mitunter wird auch ganz von vorn angefangen werden müssen. Dieses Operieren aktiviert die Schüler ungemein, weil eben jeder sich mit seinem Vorschlag in einer sichtbaren Weise produzieren kann und in dem Bemühen um die Begründung seiner „Idee“ immer wieder auf die genaueste

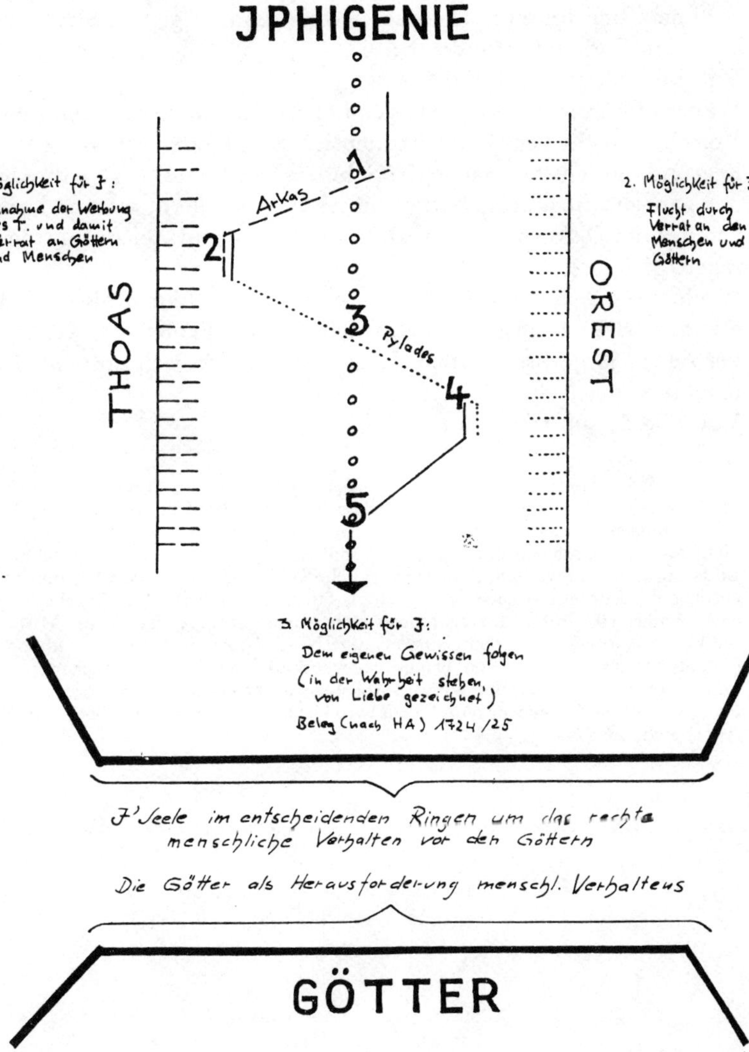
JPHIGENIE
THOAS
OREST
Arkas
Pylades
1
2
3
4
5
1. Möglichkeit für J:
Annahme der Werbung des T. und damit Verrat an Göttern und Menschen
2. Möglichkeit für J:
Flucht durch Verrat an den Menschen und Göttern
3. Möglichkeit für J:
Dem eigenen Gewissen folgen
(in der Wahrheit stehen, von Liebe gezeichnet)
Beleg (nach HA) 1724/25
J' Seele im entscheidenden Ringen um das rechte menschliche Verhalten vor den Göttern
Die Götter als Herausforderung menschl. Verhaltens
GÖTTER

Bild 55

Textkenntnis verwiesen wird. Desgleichen müssen die Verbesserungen im kritischen Ansatz genaue Nachweise erbringen. Es zeichnete sich im Verlauf dieser Arbeit dann folgendes Strukturbild zum Ende der Stunde ab:
Vgl. Bild 55, obere Hälfte.
Während dieser Arbeit greift der Lehrer nur dann ein, wenn ein Vorschlag nicht begründet worden ist. Kritik oder Annahme der Begründung selbst ist Sache der Schüler. Der Lehrer sitzt während der ganzen „Strukturdebatte" hinter den Schülern, während ein Schüler die Diskussion führt (d. h. die Wort- und Zeichenanträge regelt).[34]
In einem 5. Arbeitsschritt (der ja erst im Nachhinein als solcher erkannt wird) beanstandete ein Schüler das Fehlen der Götter, vor denen ja gewissermaßen der ganze Konflikt sich abspielt. Er machte sogleich den Vorschlag:
Vgl. Bild 55, untere Hälfte.

[34] Der ganze Unterrichtsrahmen dieses Vorgehens steht im Sinne jener „Mitverantwortung für den Unterricht" (Begriff nach Ulshöfer), die die Schüler tragen müssen und zu tragen bereit sind, wenn es gelingt, ihre produktive Kritik nicht nur herauszufordern, sondern zu erhalten: die Tatsache, daß die Schüler eindeutig und nachweislich sichtbar wirkliche Unterrichtsergebnisse bestimmen, vermag ihr Interesse auch wachzuhalten. Hier, in der kritischen Erarbeitung eines konkreten Unterrichtsergebnisses steht die Leistung plötzlich im Mittelpunkt des Interesses und nicht eine etwaige Note. Über diese Zusammenhänge im Bereich des „didaktischen Prinzips der Provokation" und der Lernmotivationen vgl. Ulshöfer, „Pädagogik des Ansporns und das didaktische Prinzip der Provokation" = Gymnasium und Sozialwissenschaften, Heidelberg 1968, S. 51 ff. (vgl. bes. S. 59–72).

Zu folgenden Texten liegen Strukturmodelle vor:

Andersch, Alfred: Sansibar oder der letzte Grund. Fischer Bücherei 354, Frankfurt/M. 1960

Bachér, Ingrid: Lasse Lar. Insel-Bücherei Nr. 788

Bichsel, Peter: Erklärung. In: Eigentlich möchte Frau Blum den Milchmann kennenlernen, Olten (1966)

Biermann, Wolf: Lebenszeichen. In: Mit Marx und Engelszungen, Wagenbach-Quartheft, Berlin 1968, S. 13

Borchert, Wolfgang: Das Holz für morgen. In: Die traurigen Geranien, rororo 975, Hamburg 1962, S. 16–20

Borges, Jorge Luis: Von einem klugen Alten. Wort und Sinn II, S. 77, Der schwarze Spiegel, Erzählungen, Hanser-Verlag, München 1961

Brecht, Bertolt: Der gute Mensch von Sezuan, 8. Bild. edition suhrkamp 73, Berlin 1967

Droste-Hülshoff, Annette v.: Die Judenbuche

Dürrenmatt, Friedrich: Die Physiker, Zürich (1962)

Goethe, J. W. v.: Götz von Berlichingen

Goethe, J. W. v.: Iphigenie auf Tauris

Gotthelf, Jeremias: Die schwarze Spinne

Grass, Günter: Über das Ja und Nein. In: Über das Selbstverständliche, dtv 579, München 1970, S. 97–207

Hauptmann, Gerhart: Die Weber, Hrsg. v. H. Schwab-Felisch, Dichtung und Wirklichkeit 1, Ullstein-Bücher, Frankfurt/Berlin 1959

Heym, Georg: Der Gott der Stadt. In: Menschheitsdämmerung, hrsg. v. Kurt Pinthus, Rowohlts Klassiker 55/56, Hamburg 1959, S. 42

Hildebrandslied

Homer: Odyssee

Keller, Gottfried: Kleider machen Leute

Kirsch, Sarah: Engel. In: Kürbiskern, Januar 1967, S. 60

Kummer, Jochen: Blasen die Linken jetzt zur Treibjagd auf die Rechten? In: Die Welt am Sonntag vom 26. 7. 70, S. 7

Rousseau, J. J.: Der Organismus des Staates. In: Die Krisis der Kultur, ausgewählte Werke, Kröner Verlag, Stuttgart 1956, S. 236–41 u. 254ff.

Schiller, Friedrich: Wilhelm Tell
Schiller, Friedrich: Maria Stuart
Storm, Theodor: Pole Poppenspäler
Sophokles: Antigone. Reclam Stuttgart, Nr. 659
Tetzner, Lisa: Von einem klugen Alten. In: Das Märchenjahr II, Kösel-Verlag, München 1956, Klett Lesebuch A 5, S. 87
Trindade, Solano: 's gibt hungrige Leute. In: Schwarzer Orpheus, Fischer Bücherei 350, zuerst Carl Hanser Verlag, München 1964, Klett Lesebuch A 6, S. 177
Walser, Martin: Das Einhorn. Fischer Bücherei 1106
Weizsäcker, C. Fr. v.: Umgang mit der Technik. In: „fragen, krit. Texte für den Deutschunterricht", Bayerischer Schulbuch Verlag, München 1969, S. 256, aus: Bedingungen des Friedens (1963). In: Herausforderung der Technik. Hrsg. v. Klaus Tuchel, Carl Schünemann Verlag, Bremen 1967
Wilder, Thornton: Die Brücke von San Luis Rey. Fischer Bücherei 1, Frankfurt/M. 1952

Literaturverzeichnis

Ansichten einer künftigen Germanistik, hrsg. von J. Kolbe, München 1969
Arbeitsgemeinschaft Deutsche Höhere Schule: Zur Ausbildung der Lehrer an Gymnasien. 1968
Barthes, Roland: Die strukturalistische Tätigkeit. In: Kursbuch 5, 1966
Bense, Max: Zusammenfassende Grundlegung moderner Ästhetik. In: Mathematik und Dichtung, hrsg. von Kreuzer und Gunzenhäuser. München 1967
Bernfeld, Siegfried: Sisyphos oder die Grenzen der Erziehung = Theorie 2, Suhrkamp. Frankfurt 1967
Bestandsaufnahme Deutschunterricht, hrsg. von H. Ide, Stuttgart 1970
Bierwisch, Manfred: Poetik und Linguistik. In: Mathematik und Dichtung, hrsg. von Kreuzer und Gunzenhäuser. München 1967
Blankertz, Herwig: Theorien und Modelle der Didaktik. München 1969
Carnap, Rudolf: Der logische Aufbau der Welt. Berlin-Schlachtensee 1928
Correll, Werner: Lernpsychologie. Donauwörth 1967
Correl, Werner: Die Lerntheorien und ihre Bedeutung für die Pädagogik. In: Forschung und Erziehung, hrsg. von Correll und Süllwold. Donauwörth 1968
Correll, Werner: Einführung in die pädagogische Psychologie. Donauwörth 1966
Cube, Felix von: Was ist Kybernetik? Bremen 1967

Der große Duden, Bd. 4 Grammatik. Mannheim 1966
Deutsche Gesellschaft für Erziehungswissenschaften: Das Kernstudium der Erziehung. Weinheim 1969
Dewey, John: Wie wir denken. Zürich 1951
Dilthey, W.: Abhandlungen zur Grundlegung der Geisteswissenschaften (= Gesammelte Schriften, Bd. V). Göttingen 1957
Erben, Johannes: Deutsche Grammatik (= Fischer Bücherei 904). Frankfurt 1968
Essen, Erika: Zur Neuordnung des Deutschunterrichts auf der Oberstufe. Heidelberg 1965
Essen, Erika: Methodik des Deutschunterrichts. Berlin 1962
Flechsig, Karl-Heinz: Klassifikation und Operationalisierung von Lernzielen. In: Blickpunkt Hochschuldidaktik 8, 1970. Zu beziehen durch Arbeitskreis für Hochschuldidaktik (AHD), Hamburg
Flechsig u. a.: Die Steuerung und Steigerung der Lernleistung durch die Schule. In: Begabung und Lernen (= Gutachten und Studien der Bildungskommission, Bd. 4). Stuttgart 1969
Fonagy, Ivan: Der Ausdruck als Inhalt. In: Mathematik und Dichtung, hrsg. von Kreuzer und Gunzenhäuser. München 1967
Friedrich, Hugo: Dichtung und die Methoden ihrer Deutung. In: Die Werkinterpretation, hrsg. v. Enders. Darmstadt 1967
Fuchs, Walter R.: Exakte Geheimnisse, Knaurs Buch der Denkmaschinen. München/Zürich 1968
Gaude/Teschner: Objektivierte Leistungsmessung in der Schule. In: Berliner Studien zur Bildungsplanung und Bildungsreform. Frankfurt 1970
Gunzenhäuser, Rul: Informationstheorie und Ästhetik. In: Kybernetik, hrsg. von Helmar Frank. Frankfurt 1966
Helmers, Hermann: Didaktik der deutschen Sprache. Stuttgart 1966
Heinisch: Homer im Deutschunterricht, Paderborn 1965
Hentig, Hartmut von: Systemzwang und Selbstbestimmung. Stuttgart 1969
Hentig, Hartmut von: Schule ohne Abschluß – Universität ohne Anfang. In: Was wird aus der Universität?, hrsg. von G. Schulz. Tübingen 1969
Höllerer, W. (Hrsg.): Theorie der modernen Lyrik. rde 31/33
Jvo, H.: Kritischer Deutschunterricht, Frankfurt/M. 1969
Klafki, H.: Begleitbrief zur 18. Vorlesung des Quadriga Funkkollegs, Erziehungswissenschaft. Weinheim 1969, Heft 4
Lämmert, Eberhard: Bauformen des Erzählens. Stuttgart 1968
Lehrpläne für die Höheren Schulen des Landes Rheinland-Pfalz. Grünstadt 1960

Lernziele der Gesamtschule (= Gutachten und Studien der Bildungskommission, Bd. 12). Stuttgart 1969

Lüdtke, Helmut: Der Vergleich metrischer Schemata hinsichtlich ihrer Redundanz. In: Mathematik und Dichtung, hrsg. von Kreuzer und Gunzenhäuser. München 1967

March, Arthur: Die physikalische Erkenntnis und ihre Grenzen. Braunschweig 1960

Messner: Funktionen der Taxonomien für die Planung von Unterricht. In: Zeitschrift für Pädagogik, Heft 6, 1970

Meyer, Herman: Über den Begriff „Struktur" in der Dichtung. In: Neue Deutsche Hefte 10, 1963

Protokolle des 17. Gemener Kongresses „Universität und Studienseminar". Düsseldorf 1966

Robinsohn, Saul B.: Bildungsreform als Revision des Curriculum. Neuwied 1970²

Roche, Reinhard: Skizzen als Interpretationshilfen. In: Der Deutschunterricht 1965, Heft 3

Roth, Heinrich: Pädagogische Psychologie des Lehrens und Lernens. Hannover 1969

Rumpf, Horst: Sprachnebel. In: Die Höhere Schule, Heft 10, 1968

Rumpf, Horst: Die theoretische Pädagogik und die tatsächliche Schule. In: Die Höhere Schule, Heft 12, 1967

Schmidt, Siegfried J.: Literaturwissenschaft als Forschungsprogramm. In: Linguistik u. Didaktik H. 5, 1970 u. H. 6, 1971

Schmidt, Siegfried J.: Ästhetizität. München 1971

Schmidt, Wilhelm: Grundfragen der deutschen Grammatik. Berlin 1967

Skowronek, Helmut: Phychologische Grundlagen einer Didaktik der Denkerziehung. Hannover 1968

Sprachbuch 5 u. 6. Ernst Klett Verlag, Stuttgart 1970/71

Strukturplan für das Bildungswesen, Empfehlungen der Bildungskommission des Deutschen Bildungsrates, Manuskriptfassung vom April 1970

Thiemermann, Franz-Josef: Kurzgeschichten im Deutschunterricht. Bochum o. J. (= Kamps päd. Taschenbücher Nr. 23)

Tütken, Hans: Lehrplan und Begabung. In: Begabung und Lernen (= Gutachten und Studien der Bildungskommission, Bd. 4). Stuttgart 1969

Ulshöfer, Robert: Die Pädagogik des Ansporns und das didaktische Prinzip der Provokation. In: Gymnasium und Sozialwissenschaften, Heidelberg 1968

Vogt, Hartmut: Schulreform, Lehrplanrevision und Lernzielbestimmung. In: Deutschland-Archiv, 1969, Heft 10

Walther, Elisabeth: Semiotische Analyse. In: Mathematik und Dichtung hrsg. von Kreuzer und Gunzenhäuser. München 1967

Weinheimer Gesamtschul-Curricula. Heidelberg 1971

Wiese, Benno von: Die Deutsche Novelle, Düsseldorf 1967

Wilhelm, Theodor: Theorie der Schule. Stuttgart 1967

Wirth, Andrzej: Über die stereometrische Struktur der Brechtschen Stücke. In; Episches Theater, hrsg. v. Reinhold Grimm (= Neue wissenschaftl. Bibliothek), Köln

Wort und Sinn, Sprachbuch Nr. 1. Schöningh, Paderborn 1966

Zietz, K.: Psychologische Voraussetzungen der Denkerziehung. In: Pädagogische Psychologie (= Handbuch der Psychologie, 10. Bd.). Göttingen 1959

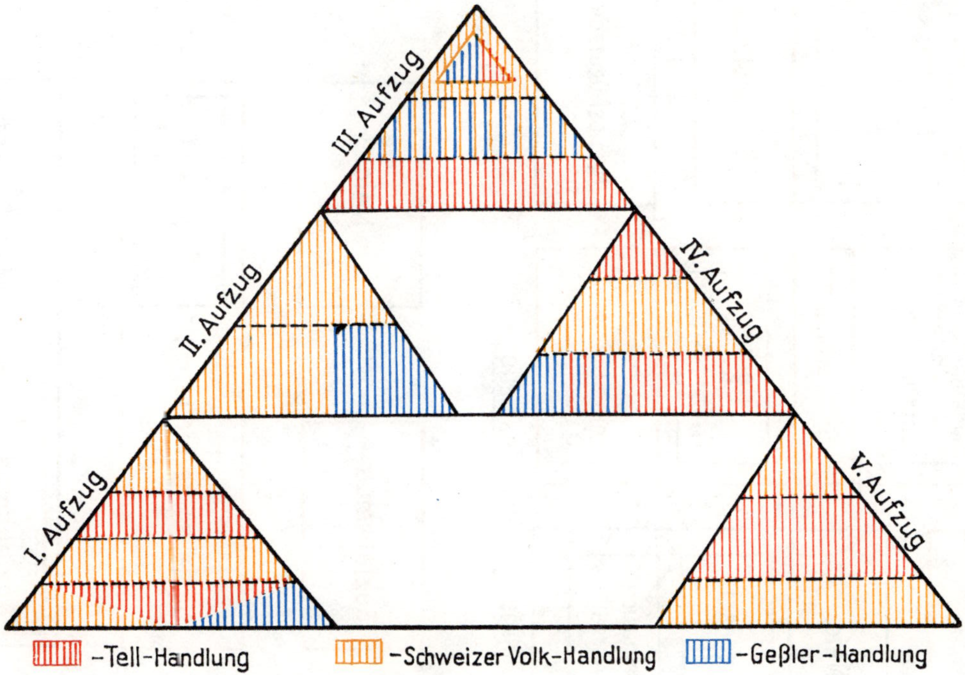

Bild 4 Aufbau des „Wilhelm Tell“

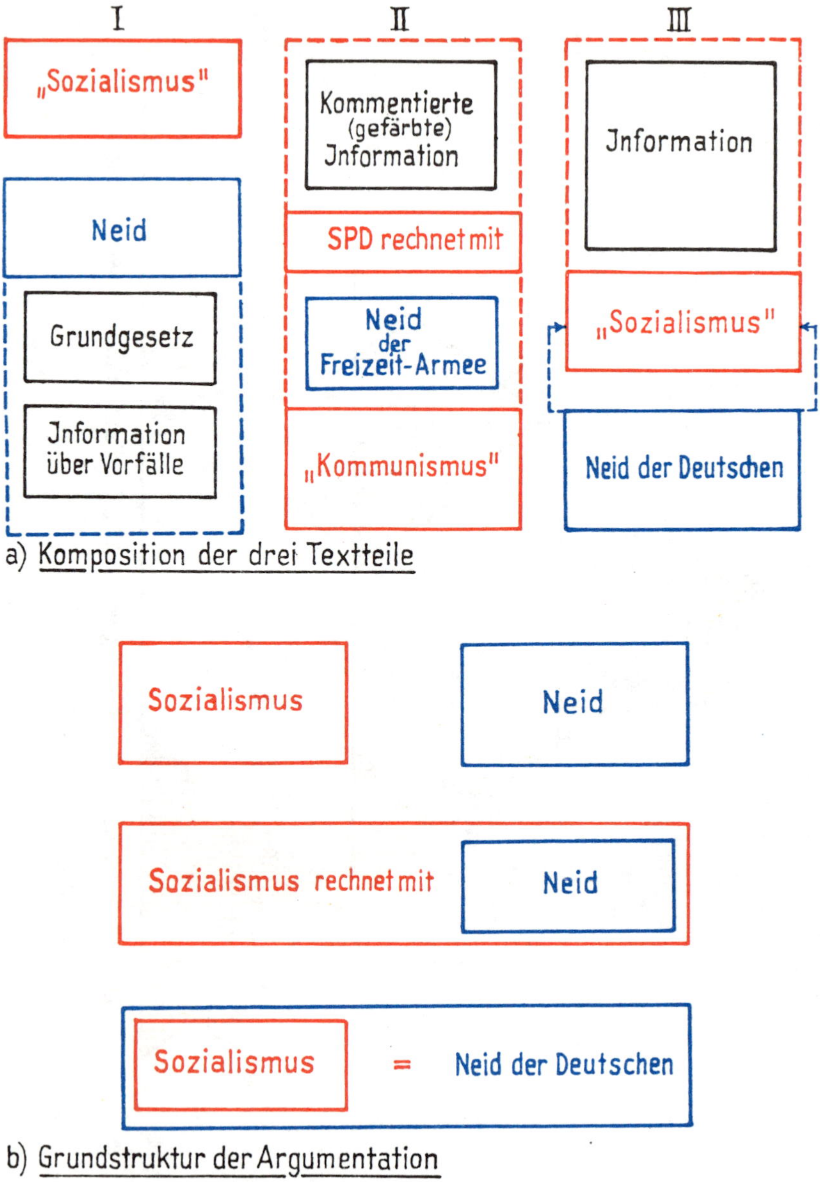

a) Komposition der drei Textteile

b) Grundstruktur der Argumentation

Bild 18

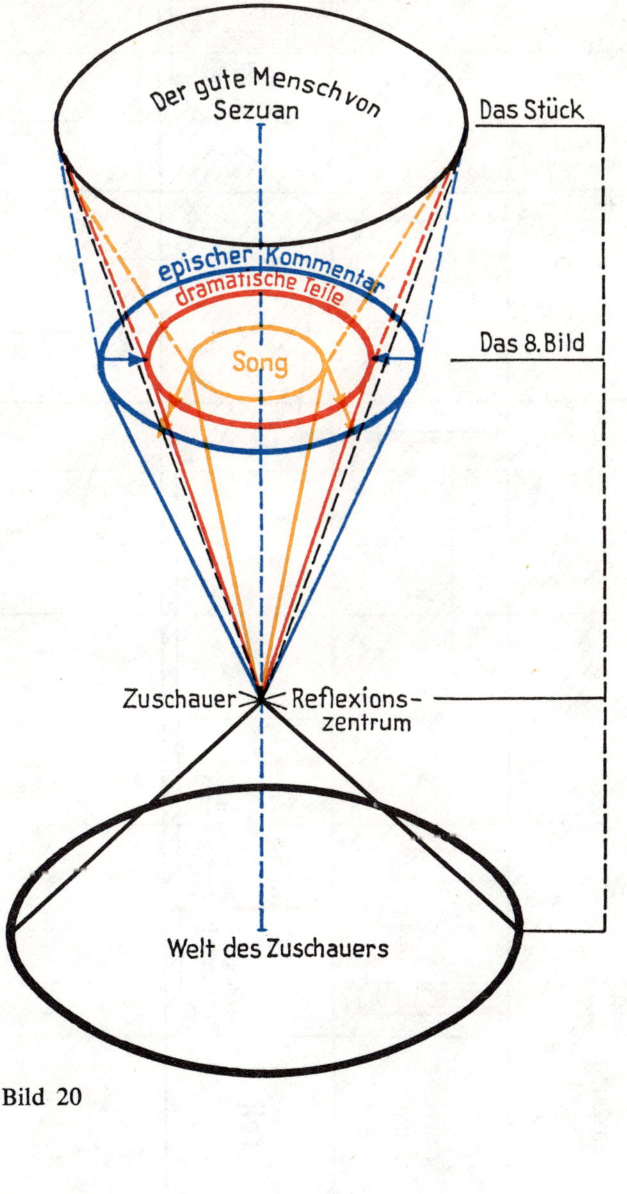

Der gute Mensch von Sezuan
Das Stück
epischer Kommentar
dramatische Teile
Song
Das 8. Bild
Zuschauer
Reflexions-zentrum
Welt des Zuschauers

Bild 20

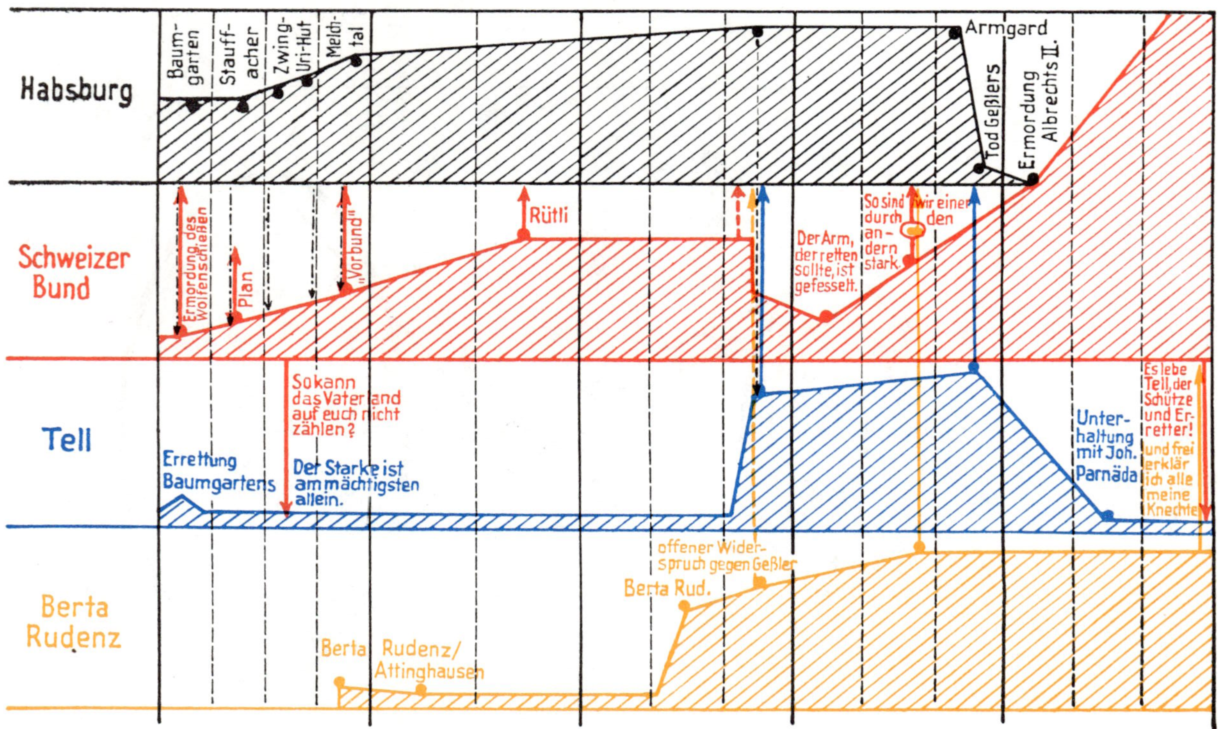
Habsburg
Schweizer Bund
Tell
Berta Rudenz
Baumgarten
Stauffacher
Zwing-Uri-Hut
Melchtal
Armgard
Tod Geßlers
Ermordung Albrechts II.
Ermordung des Wolfenschießen
Plan
„Vorbund"
Rütli
Der Arm, der retten sollte, ist gefesselt.
So sind wir einer durch den andern stark.
So kann das Vaterland auf euch nicht zählen?
Der Starke ist am mächtigsten allein.
Errettung Baumgartens
Unterhaltung mit Joh. Parnäda
Es lebe Tell, der Schütze und Erretter!
und frei erklär ich alle meine Knechte
Berta
Rudenz/Attinghausen
Berta Rud.
offener Widerspruch gegen Geßler

Bild 28

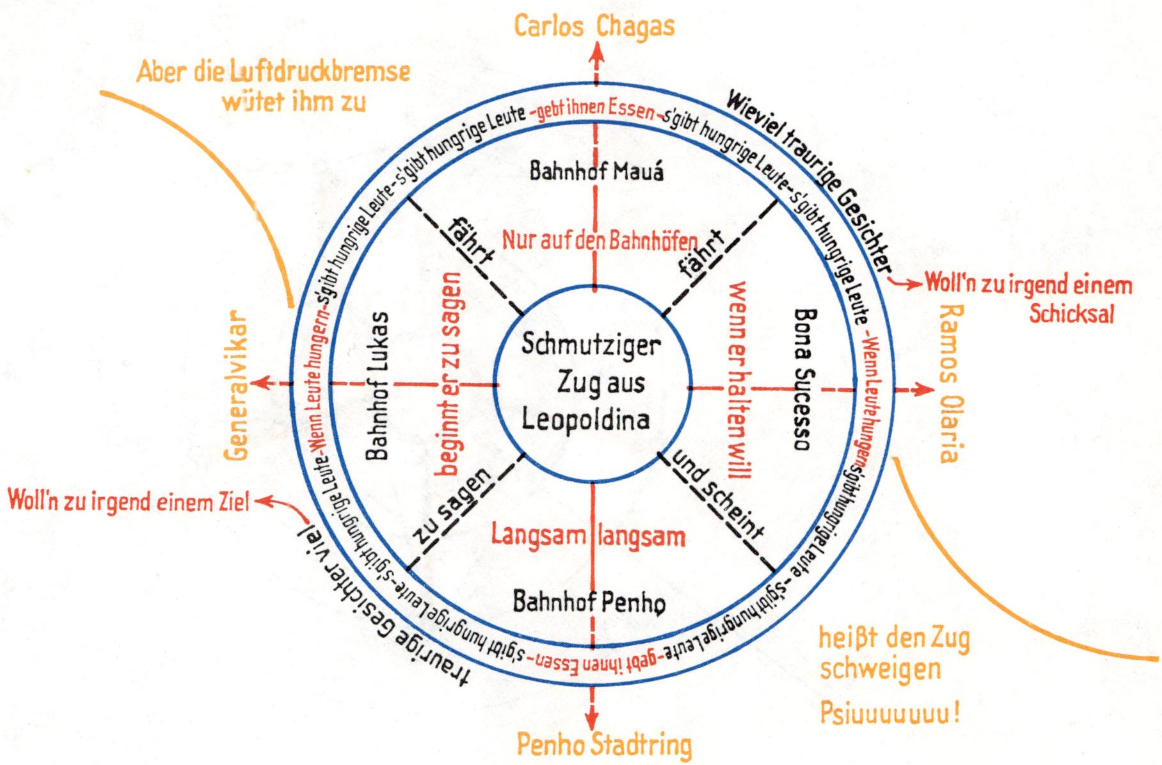

Carlos Chagas
Aber die Luftdruckbremse
wütet ihm zu
Wieviel traurige Gesichter
Woll'n zu irgend einem
Schicksal
Ramos Olaria
heißt den Zug
schweigen
Psiuuuuuuu!
Penho Stadtring
Generalvikar
Woll'n zu irgend einem Ziel
traurige Gesichter viel
-gebt ihnen Essen-
s'gibt hungrige Leute
-Wenn Leute hungern-
Bahnhof Mauá
Nur auf den Bahnhöfen
fährt
fährt
wenn er halten will
Bona Sucesso
Schmutziger
Zug aus
Leopoldina
beginnt er zu sagen
Bahnhof Lukas
zu sagen
und scheint
Langsam langsam
Bahnhof Penho

Bild 33

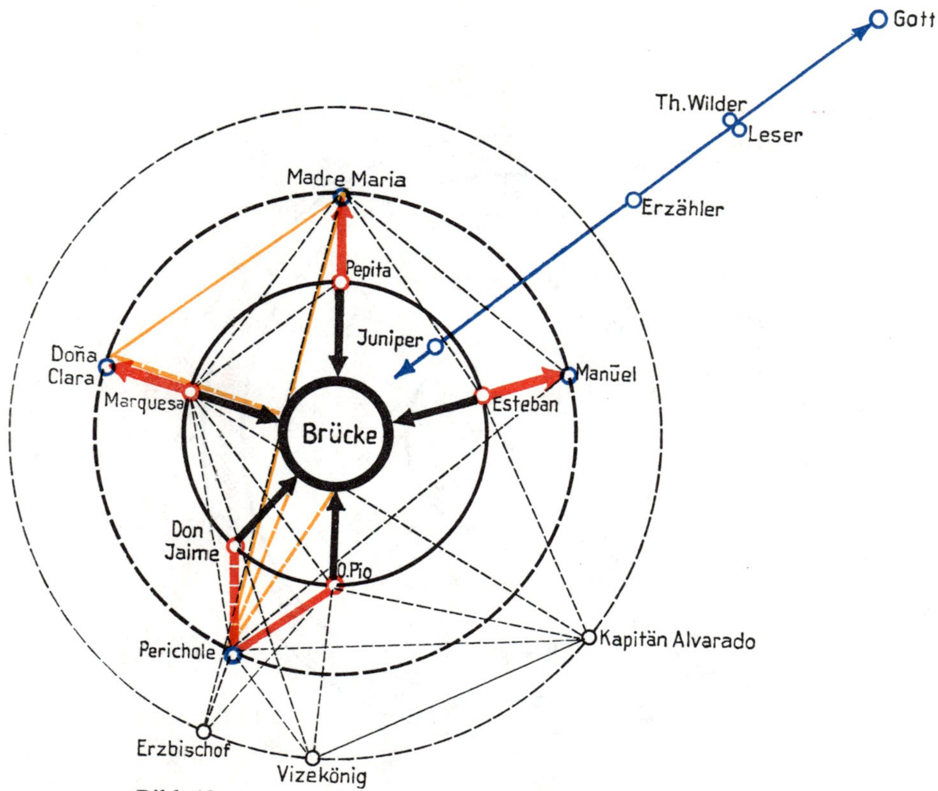
Gott
Th. Wilder
Leser
Erzähler
Madre Maria
Pepita
Juniper
Doña
Clara
Manũel
Marquesa
Esteban
Brücke
Don
Jaime
D. Pio
Perichole
Kapitän Alvarado
Erzbischof
Vizekönig

Bild 40

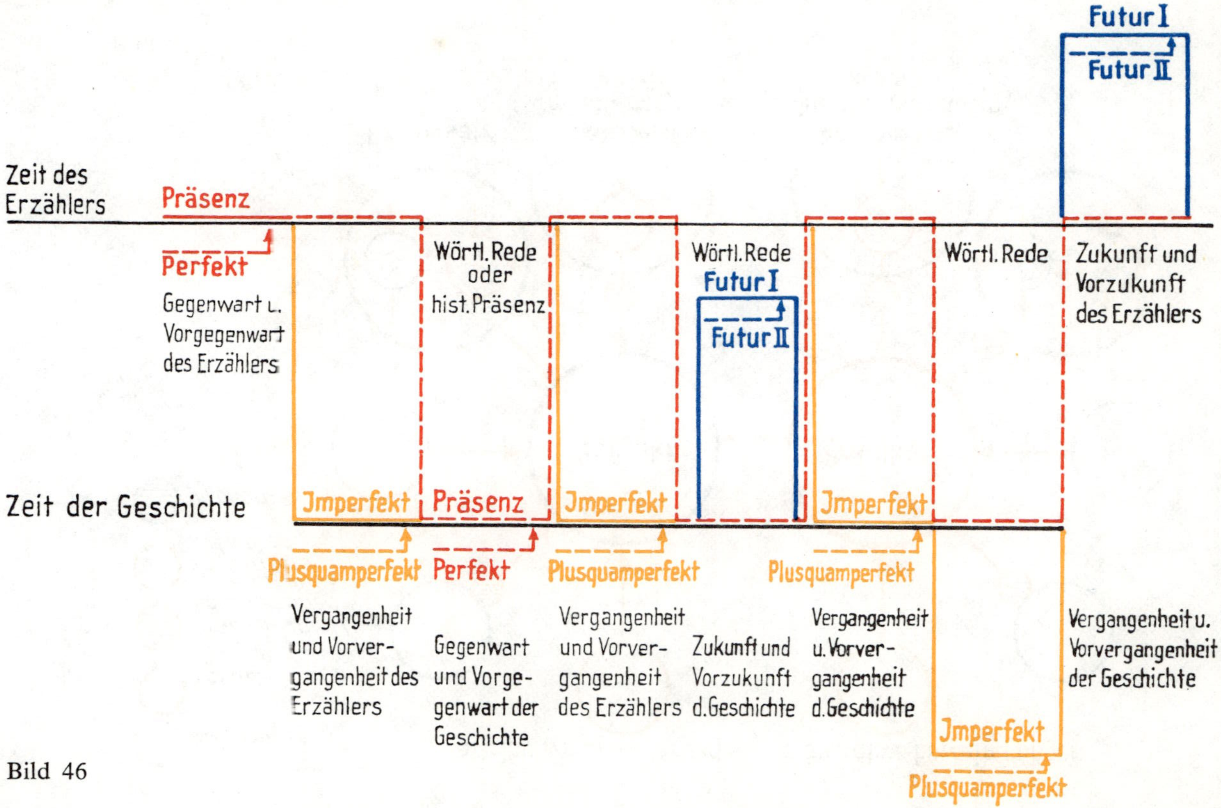
Futur I
Futur II
Zeit des Erzählers
Präsenz
Perfekt
Gegenwart u. Vorgegenwart des Erzählers
Wörtl. Rede oder hist. Präsenz
Wörtl. Rede
Futur I
Futur II
Wörtl. Rede
Zukunft und Vorzukunft des Erzählers
Zeit der Geschichte
Jmperfekt
Präsenz
Jmperfekt
Jmperfekt
Plusquamperfekt
Perfekt
Plusquamperfekt
Plusquamperfekt
Vergangenheit und Vorvergangenheit des Erzählers
Gegenwart und Vorgegenwart der Geschichte
Vergangenheit und Vorvergangenheit des Erzählers
Zukunft und Vorzukunft d. Geschichte
Vergangenheit u. Vorvergangenheit d. Geschichte
Vergangenheit u. Vorvergangenheit der Geschichte
Jmperfekt
Plusquamperfekt

Bild 46

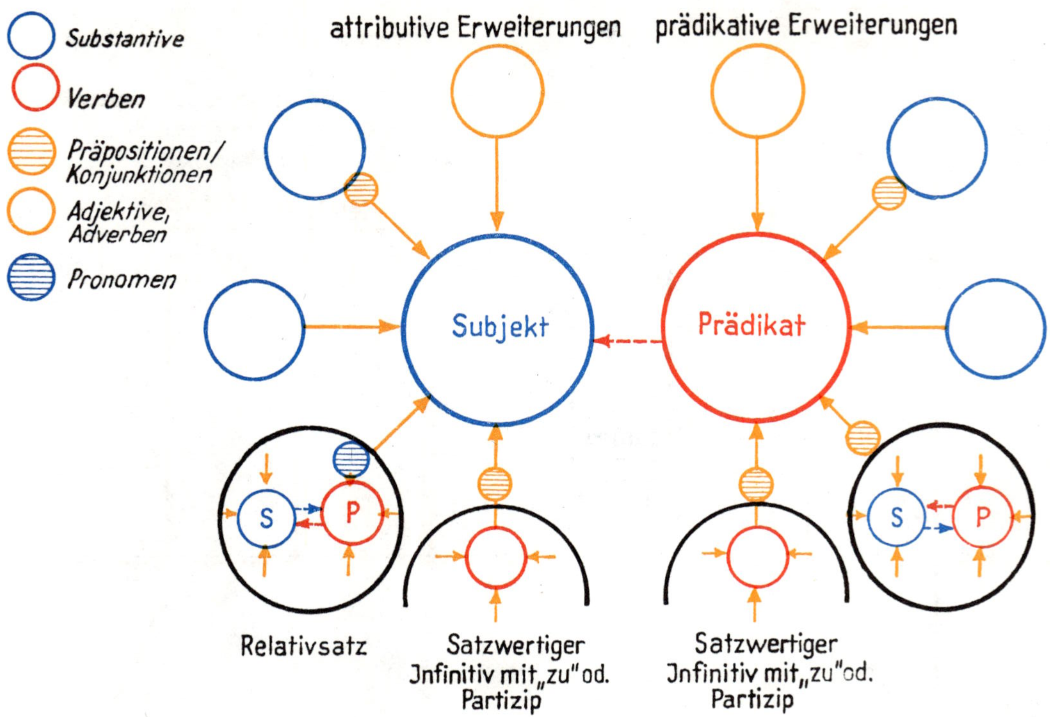
Substantive
Verben
Präpositionen/
Konjunktionen
Adjektive,
Adverben
Pronomen
attributive Erweiterungen
prädikative Erweiterungen
Subjekt
Prädikat
S
P
S
P
Relativsatz
Satzwertiger
Jnfinitiv mit „zu" od.
Partizip
Satzwertiger
Jnfinitiv mit „zu" od.
Partizip

Bild 47